사람이 힘겨운 당신을 위한 관계의 심리학

일러두기

- 단행본은 『』로, 단행본 안의 작품은 「」로, 영화, 애니메이션, 미술품 등은 ⟨⟩로 묶었습니다.
- 인명, 작품명 등의 외국어와 외래어는 국립국어원 외래어표기법에 따르되 몇몇 경우는 관용적 표현을 따랐습니다.
- 2020년 1학기 한세대 '가족상담'의 실제 강의 내용을 바탕으로 하였습니다.
- 도서 안의 '치료'는 해당 내용의 이해를 돕기 위해 문맥에 따라 각각 '상담'과 '테라피' 등의 용어로 대체하였습니다.
- 『가족의 두 얼굴』(부키, 2012), 『가족의 발견』(부키, 2014), 『나는 내 편이라고 생각했는데』(부키, 2019)와 함께 읽으면 좋습니다.

사람이 힘겨운 당신을 위한

관계의 심리학

상처는 어느 날 갑자기 찾아오지 않는다

21세기북스

프롤로그

온 나라가 코로나19로 인해 움츠러들었습니다. 어쩔 수 없이 외출을 최소화하고 각자 집에 머무르는 시간이 길어졌죠. 대학 강의들이 비대면 수업으로 바뀌고 외부 활동도 잠시 중단되면서 저도 바쁘게 보냈던 시간 대부분을 집에서 보내게 되었습니다.

　매번 집에서 밥을 먹으니 가족들과 보내는 오붓한 시간도 많아졌습니다. 서로 이야기할 기회도 많아지고, 그동안 쌓아놓기만 했던 감정들을 분출할 기회도 생겼습니다. 특히 올해 고등학교 3학년이 된 아들의 얼굴을 이제야 제대로 마주할 수 있게 되었고, 오랜만에 대화도 나눌 수 있었습니다. 그동안 학원 가랴, 도서관 가랴 보기 어려웠던 아들의 얼굴을 보며 아들이 최근에 어떤 생각을 하고 어떤 감정을 느끼는지 나눌 수 있는 소중한 기회를 갖게 된 것이죠.

사람이란 존재는 상황에 따라 목적에 맞게 부속을 뜯어

손쉽게 바꿀 수 있는 기계가 아니다.

사람은 언제나 인간의 전체 역사를 안고 다닌다.

그 사람의 구조 안에 인류의 역사가 쓰여 있는 것이다.

- 칼 융 -

　스위스 출신으로 분석심리학의 선구자인 칼 융Carl Jung은 2차 세계대전 당시 대부분의 스위스인들이 그랬듯 외부와 차단당한 채 매일을 긴장 속에서 독일군의 공격에 대비해야 했습니다. 당시 융은 노년으로 접어들고 있었고, 자녀에 손주들까지 합친 대가족을 이끄는 가장이었습니다. 그런 그를 보며 스위스 밖에 있는 많은 지인이 미국으로 건너가 편하게 살 것을 권하였지만, 그는 차마 가족들을 두고 떠날 수 없었습니다. 그래서 자신이 살던 대도시 취리히 대신 시골에 집을 하나 얻어서 모든 가족을 피신시켰죠.

　세계 각지에서 융에게 무엇이든지 기꺼이 도와주겠다는 연락이 쏟아졌지만 정작 그에게 필요한 것은 석탄과 식료품이었습니다. 당시 우편으로는 배달할 수 없는 것들이었지요. 그래서 융은 가족들과 직접 필요한 농산물을 재배하기 시작했고, 아이러니하게도 정말 오랜만에 가족과 함께 오붓한 시간을 보낼 수 있었습니다.

　힘들고, 지치고, 더는 한 발자국도 앞으로 나아갈 수 없을 때 우리는 그동안 잊고 지내던 가족의 소중함을 느끼게 됩니다. 가족이야말로 우리가 되돌아갈 수 있는 최후의 안전지대이지요. 그런데 이 관계가 단순히 생물학적인 것만을 의미하는 것만은 아닙니다. 가족 안에서 느끼는 소속감, 애착, 친밀감은 인간의 사회적 체계 중 그 어느 곳에서도 발견하기 어렵기 때문입니다.

하지만 그렇다고 해서 모든 가족이 서로에게 안전지대가 되는 것은 아닙니다. 관계와 소통의 문제로 갈등하고 있는 가족들에겐 가족이야말로 세상에서 가장 무거운 짐이 될 수 있습니다.

『주역』의 「문언전」을 보면 '적선지가 필유여경 積善之家必有餘慶'이라는 고사성어가 나옵니다. 선행을 쌓는 집안에는 반드시 남는 경사가 있다는 말이죠. 여기서 우리 조상들에게 가장 중요한 삶의 가치가 되었던 '적선積善'이라는 개념을 발견할 수 있습니다.

우리 조상들은 적선을 많이 해야 팔자를 바꾸고 집안이 잘된다는 굳은 믿음을 가졌습니다. 그런데 적선은 단순히 가난한 사람에게 동냥하는 개념이 아닙니다. 적선은 재물로도 하지만, 마음으로도 하는 것입니다. 평소 성질 안 내는 것도 적선이고, 고통을 덜어주려 노력하는 것도 적선이고, 상대방이 힘들 때 묵묵히 이야기를 들어주며 공감해주는 것도 적선입니다.

제가 힘겨운 시간강사 시절을 끝내고 드디어 지방에 있는 한 대학에서 자리를 잡아 서울을 떠날 때 오랜 사회생활로 잔뼈가 굵었던 외삼촌이 해주신 말이 기억납니다.

"드디어 본격적인 사회생활을 시작하게 된 네가 알아야 하는 건,

사회는 철저히 '주고받음'의 대차 대조가 정확하다는 것이다. 여기서부터는 이제 네가 제자와 동료, 그리고 상사들에게 한 행동을 언젠가 반드시 돌려받게 된다는 것을 기억해라."

동양인들이 소중한 관계에서 가장 중요하게 여겼던 적선의 특징은 언제나 순환의 원칙을 가지며 반드시 어떤 식으로든 되돌아온다는 전제를 갖는데요, 그래서 저도 외삼촌의 말대로 늘 관계 안에서 이 말을 기억하고 살기 위해 애썼습니다.

'관계'는 단란하고 안락한 삶의 근거가 됩니다. 그러나 이 관계는 하루아침에 이루어지는 것이 아닙니다. 가족 관계에서 부부가 서로에게, 부모가 자녀에게, 자녀가 부모에게 해야 할 가장 기본적 삶의 모습은 마음으로 적선을 하는 자세일 겁니다. 그런데 이것은 가족 관계에서만이 아닌 무수히 많은 인간관계에서도 적용됩니다.

오늘날 우리에게 가장 힘든 것이 인간관계가 아닐까 싶습니다. 사회가 더 복잡해지고, 나날이 기술의 발전도 이루어지면서 인간관계도 갈수록 더욱 힘들어지고 있죠. 저는 관계를 이야기하는 심리학, 즉 관계심리학을 살펴봄으로써 관계를 건강하게 유지할 수 있는 원리를 이야기하고자 합니다. 이를 통해 다양한 인간관계 안에서 관계의 어려움을 겪는 사람들이 심리학적 지혜를 찾을 수 있을 거라 믿습니다. 아무쪼록 이 책을 통해 관계 안에서 벌어지는 긴장과 갈등을 풀 기회를 얻게 되길 바랍니다.

목차

◇

1강

갈등은 어느 날 갑자기 찾아오지 않는다

관계심리학

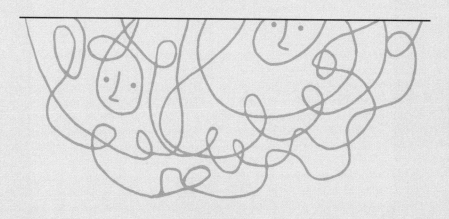

잘 지내던 관계에서 발생한 갈등은
어느 날 갑자기 찾아온 것이 아니다.
이미 그 불행은 오래 전에 시작되었던 것이다.
바로 이 부분이 관계 문제를 바라보는 시선이어야 한다.
관계 안에서 이루어지는 '협력'은 인간이 가지고 있는
최고의 비밀 병기이다. 협력의 의미와 함께
협력의 상실이 가져오는 것들을 알아보고자 한다.
그리고 이를 통해 '관계'라는 심리학으로 들어가보자.

지그문트 프로이트Sigmund Freud와 칼 융. 이 두 사람을 거론하지 않고 정신분석과 분석심리학을 이야기하기는 어렵습니다. 두 사람은 각각 정신분석학 분야와 분석심리학 분야의 선구자로 불리지요.

하지만 관계심리학 분야에서는 어떤 한 명의 대표적인 선구자가 존재하지 않습니다. 여러 명, 그리고 다양한 형태의 이론들이 성장하고 있지요. 그래서 하나의 이론에 집중하기보다는 여러 이론을 살피고 그 이론들의 차이점과 공통점, 장점, 그리고 한계점들을 하나씩 짚어가면서 배워나가야 합니다.

'관계'라는 심리학

이 강의의 중요한 목표 중 하나는 관계에 관한 문제를 보는 관점을 변화시키는 것입니다. 우리는 관계 안에서 벌어지는 여러 문제를 흑백 논리, 즉 가해자와 피해자의 도식으로만 보기 쉽습니다. 하지만 관계 문제에 언제나 가해자와 피해자가 고정되어 존재하는 것은 아닙니다. 때로는 이 두 가지가 뒤섞이기도 하고 바뀌기도 하지요.

제가 지난 학기 때 아들이 다니는 고등학교에 교직원을 위한 특강을 하러 간 적이 있습니다. 교장 선생님께서 제 책의 독자였고, 그것이 우연한 계기가 되어 강의를 하게 되었습니다.

특강을 하기 전에 교장 선생님과 여러 가지 이야기를 나누었는데, 요즘 도저히 대화가 안 되는 아이들이 너무 많다고 하시더군요. 그런 아이를 놓고 고심하던 한 담임 선생님이 용기를 내서 그 아이의 부모에게 전화를 했는데 깜짝 놀랐다고 합니다. 오히려 부모가 아이보다 더 대화가 안 되었던 겁니다. 결국 아이가 가지고 있는 문제에는 그 아이의 인격과 성격뿐만 아니라 아이가 속한 가족 문제도 그대로 드러난다고 볼 수 있는 것이죠.

오늘날 한국 사회는 가족 문제에 관해서 심각한 위기에 처해 있습니다. 특히 우리나라는 이혼율이 대단히 높은데, 이는 IMF 외환 위기와 관련되어 있습니다. IMF 당시 한국 사회는 경제적 위기를 겪었고, 이로 인해 많은 가정이 해체되었습니다. 부모의 불행한 결혼 생활을 지켜보았던 자녀에게도 이것은 큰 상처가 되고, 트라우마로 남게 되었죠. 자녀가 힘든 사춘기를 지내고 성인이 되었을 때 비록 현재의 삶에 별다른 문제가 없다고 할지라도 가족으로 인한 상처는 인생의 길목마다 자녀의 발목을 잡습니다.

젊은이들에게 꿈꾸는 미래에 대해 물어보았을 때 하는 대답이 예전과 많이 달라졌습니다. 과거에는 '어떤 것을 하겠다', '어떤 사람이 되겠다'는 꿈을 가졌다면 오늘날 젊은이들의 꿈은 '소확행'입니다. 비록 내가 대단한 사람이 되지 않는다고 해도 행복한 가정을 이루고, 그 안에서 알콩달콩 행복한 삶을 살고 싶다는 소박한 꿈을 갖는 것입니다.

그런데 행복한 가정을 이루겠다는 꿈은 사실 그 어떤 꿈보다도 도달하기 힘든 경우가 많습니다. 노력만 갖고 되는 것은 아니거든요. 그래서 우리는 그 방법을 배워야 합니다. 행복한 결혼 생활, 나아가 원만한 대인관계를 위해 현명하게 갈등을 예방하고 대처할 수 있는 방법이 바로 지금부터 살펴볼 관계심리학에 있습니다.

우리 주변에는 관계에 어려움을 갖는 사람들이 정말 많습니다. 이런 분들의 어려움을 자세히 들여다보면 가족 안에서 아픔과 상처를 경험한 경우가 많습니다. 『사랑의 기술』이라는 명저를 쓴 작가이자 정신분석가 에리히 프롬Erich Fromm은 "문제아 뒤에 문제 부모가 있다"고 말했습니다. 이걸 다시 말하면 바로 '아이의 문제 뒤에 가족 문제가 있다'라고 할 수 있는 것이죠.

관계심리학의 필요성은 충분히 여러분에게 설명이 된 것 같습니다. 이제 관계심리학의 기본 전제에 대해서 살펴보는 시간을 가져볼까 합니다.

갈등은 어느 날 갑자기 찾아오지 않는다

종종 잠이 안 올 때 읽는 책이 한 권 있습니다. 박찬일 셰프가 쓴 『백년식당』이라는 책인데, 이 책은 노포에 대해 쓴 책입니다. 노포라는 건 적어도 50년 이상의 세월을 버틴 식당을 말합니다. 50년이면 보통 대를 이어서 식당을 운영하죠. 『백년식당』은 박찬일 셰프가 전국에 있는 노포, 즉 50년 이상 된 식당을 찾아다니면서 소개하고 자신의 생각을 정리해놓은 대단히 좋은 책입니다.

박찬일 셰프는 이 책에서 "우리나라는 식당 수가 많기로 세계 1등이다. 그리고 맛있는 식당은 절대 망하지 않는다"는 말을 합니다. 맞습니다. 욕쟁이 할머니 식당이 살아남는 이유는 불친절해도 맛이 있기 때문이죠.

박찬일 셰프에 의하면, 이 '백년식당'들은 공통된 특징을 가지고 있습니다. 맛있다는 거예요. 그리고 주인이 직접 일합니다. (이것은 아주 중요합니다) 마지막으로, 직원들이 오래 일한다는 겁니다.

노포에서 일하는 직원들은 보통 2~30년 정도 근속합니다. 30년

일해도 명함도 못 내민다고 하죠. 서울 종로에 있는 유명한 냉면집 '우래옥'의 전무 김지억 씨는 지팡이를 짚고 현관을 지킵니다. 사람들은 그가 주인인 줄 알지만 50년간 일을 한 전무입니다. 대단하지 않아요? 50년 동안 일을 하는 직원도 멋있지만, 50년 동안 그를 채용한 주인도 놀랍습니다.

뿐만 아니라 박찬일 셰프는 이 책에서 "쉽고 단순하며 맛있는 요리를 하는 건 가장 높은 수준에 도달했을 때 가능하다"라고도 이야기합니다. 쉽게 말해서 정말 단순하면서 맛있는, 궁극의 맛을 낼 수 있는 식당이 진짜 수준 높은 식당이라는 것입니다. 이것은 보통 노하우만으로 되는 것이 아닙니다. 세월이 필요한 작업이라고 할 수 있겠지요.

저는 지방에 강연하러 갈 때마다 『백년식당』에 나와 있는 식당들을 찾아다니는 취미가 있습니다. 그렇게 찾아간 식당 중 한 곳이 '상주식당'입니다. 대구에서 가장 번화가에 있는 추어탕 전문 식당인데요, 이 식당은 1년에 두 번 특별한 날이 있습니다. 12월 15일이면 문을 닫고, 3월 1일엔 문을 엽니다. 한겨울에 완벽한 국내산 미꾸라지를 찾을 수 없고, 질 좋은 채소도 찾을 수 없다고 판단했기 때문이죠. 그래서 그런 품질이 떨어지는 재료로 음식을 준비하기보다는 차라리 겨울엔 문을 닫고 봄에 다시 문을 연다고 합니다.

박찬일 셰프가 어떻게 한 세대 이상 이렇게 긴 시간을 버틸 수 있었냐고 묻자 상주식당의 사장인 차 씨는 이렇게 대답합니다.

"잘 되던 회사나 가게가 어디 하루아침에 무너집니까?"

여러분, 이 말을 하기 위해서 지금까지 이 이야기를 했던 것입니다. 잘나가던 회사나 가게가 하루아침에 무너지지는 않습니다. 이미 무너져가는 걸 알아차리지 못했을 뿐이에요. 그러다가 종말을 맞이하게 되는 것이죠.

관계심리학에서 관계 문제를 바라보는 시선도 차 씨의 시선과 다르지 않습니다. 잘 지내던 한 가족의 불행과 갈등, 또래 친구나 동료들과의 갈등은 어느 날 갑자기 찾아온 것이 아닙니다.

부주의한 운전은 교통사고의 위험성을 높입니다. 하지만 운전을 못한다고 해서 반드시 교통사고가 나는 것은 아닙니다. 때로는 운이 없었던 것이 교통사고의 진짜 원인이 될 수도 있습니다. 하필 음주 운전을 하던 차가 지나갈 때 운전을 하고 있던 것이죠. 이걸 어떤 논리로 설명할 수 있겠습니까? 말 그대로 운이 나쁘다고밖엔 설명할 수 없겠죠.

하지만 가족의 문제는 운이 나빠서가 아닙니다. 정말 사랑하던 부부가 서로 미워하고 갈등을 겪고, 그 과정에서 자녀들이 상처받는 것은 어느 날 갑자기 찾아온 불행이 아니라 이미 오래전부터 시작되었던 것입니다. 이것이 바로 우리가 가족 문제를 바라보는 시선이어야 합니다.

관계에서 갈등이 발생하는 경우를 보면 대부분 누군가에게 일방적인 원인을 물으려고 합니다. 그런 식으론 해결이 될 수 없지요. 과거에 발생한 상처가 현재를 살아가는 우리에게 어떠한 영향을 미치고, 그 상처를 어떻게 극복해나가야 하는지에 대한 통찰에서 회복이 시작될 수 있습니다.

예를 들어, 어린 시절 사랑받지 못했던 한 여성이 어머니가 되었습니다. 자신의 자녀에게는 자신이 어린 시절 받지 못했던 그 사랑을 베풀어주려고 하지만, 자녀에게 어떻게 사랑을 주어야 하는지 모릅니다. 심지어 자녀에게 너무 잘해주면 손해를 보는 것이라는 생각으로까지 이어질 수도 있습니다.

조금 전 설명했던 이 내용을 동양의 고전에서도 찾아볼 수 있습니다. 『주역』의 「곤괘」를 보면 이런 말이 있습니다. "서리를 밟으면 단단한 얼음이 온다." 이 말은 서리가 내리는 가을이 왔다면 얼음이 어는 겨울이 머지않았다는 의미입니다. 서리도 내리기 전에 얼음이 어는 일은 없죠. 「곤괘」는 우리에게 결국 모든 일은 순차적·점진적으로 쌓여서 이루어지는 것이라고 이야기하는 것입니다.

독일의 대표적 문학가로 1946년 노벨문학상을 받은 헤르만 헤세 Hermann Hesse는 그의 책 『황야의 늑대』에서 "그러나 실제로는 그 어떤 나도, 심지어 가장 단순한 나조차도 하나의 통일된 존재가 아니다. 나는 지극히 다채로운 세계이며 하나의 작은 우주다. 수많은 형식과 단계와 상태들, 물려받은 유산과 가능성이 혼란스럽게 뒤섞인 카오스다"라고 말합니다.

우리 인간은 모두 누군가의 아들이거나 딸이고, 자신이 속한 가족사의 일부입니다. 가족들로부터 받은 상처와 아픔, 그리고 이러한 상처를 다루어왔던 방식은 그 가족사에 담겨 있습니다. 그래서 한 가족의 갈등과 고통이 어느 날 갑자기 찾아온 불행한 하나의 사건이 아니라고 말씀드리는 것입니다. 이미 일정한 역사를 갖고 있다고 이해해야 합니다.

우리의 내면세계는 우리 스스로가 걸어온 인생의 길에서 얻은 결과물이 아닙니다. 수많은 사람을 만나며 쌓은 경험과 자의식, 앞서 살았던 선조들과 그들이 남겨준 생물학적·사회적 유산의 결과물입니다. 그래서 어떤 방식으로 여러 세대에 걸쳐 전이transference가 이루어졌는지를 알고, 자기 가족의 과거를 더 많이 알수록 그 고통과 문제로부터 벗어날 수 있습니다.

그러므로 우리는 가족 또는 대인관계의 문제가 어느 날 갑자기 찾아온 불행이 아니라는 전제를 바탕으로 관계 문제를 바라보아야 합니다. 그러면 누구에게 일방적인 문제와 갈등의 원인을 돌리기보다 좀 더 전체적인 시각에서 문제를 바라볼 수 있죠. 바로 이것이 우리가 앞으로 배울 여러 관계심리학 이론에서 찾아볼 수 있는 문제 해결에 대한 궁극적인 기본 전제로, 앞으로 우리가 살펴볼 관계심리학의 출발점입니다.

인간의 비밀 병기, 협력

독일의 유명한 신경생물학자인 요아힘 바우어Joachim Bauer는 동물보다 약한 인간이 자연계에서 최강의 존재가 될 수 있었던 이유는 바로 '상호협력' 때문이었다고 이야기합니다. 상호협력이야말로 인간이 가진 비밀 병기라고 하죠. 자, 그러면 이 요아힘 바우어의 말이 얼마나 설득력이 있는지 알아보기 위해서 지구상에 인간 못지않게 번성했던 두 동물을 한번 살펴보겠습니다.

지구상에 번성했던 대표적인 동물을 꼽아본다면, 저는 늑대를 꼽을 수 있을 것 같습니다. 늑대들이 가진 힘은 인간이 동물 중에서 늑대를 가장 두려워하도록 만들었습니다.

그런데 늑대의 힘은요, 그들이 가진 이빨과 근육에서 나오는 것만이 아닙니다. 그들의 진짜 힘은 '무리'에 있습니다. 늑대의 무리는 가족 단위입니다. 어머니, 아버지, 이모, 삼촌 등으로 연결된 가족에서 나오는 에너지와 강한 결속력은 늑대들이 자연에서 절대강자가 될 수 있도록 했습니다.

여기서 인간이 왜 그토록 늑대를 무서워했는지 알 수 있습니다. 협력은 오직 인간만이 할 수 있는 거라 생각했는데 늑대 무리에서 인간 못지않은 협력을 볼 수 있었던 것입니다. 자연계에서 부상을 당한다는 것은 곧 죽음을 의미합니다. 하지만 늑대는 다릅니다. 부상당한 동료를 돌보고, 간호하고, 먹이도 물어다 줍니다. 다시 한번 재기할 기회를 주는 것이죠. 늑대들은 '가족'이라는 무리의 힘을 잘 알고 있고, 무리에서 일사불란한 협동을 이루고 있습니다. 이것이 늑대를 적수가 없는 자연계 최강자가 되게 했습니다.

늑대들은 우리가 생각하는 것만큼 미련하지도 않습니다. 동물학자들은 늑대의 잔꾀가 여우를 능가한다고도 하죠. 쌓인 눈 위를 늑대 무리가 지나가면 한 마리가 지나갔는지, 열 마리가 지나갔는지 노련한 사냥꾼도 파악하기 어렵다고 합니다. 선두에 있는 늑대가 지나갔을 때 나머지 늑대들은 선두의 발자국만 따라가기 때문입니다. 이것만 봐도 늑대는 정말 노련하고 뛰어난 사냥꾼인 데다가, 협력이 바로 그들의 무기라는 것을 알 수 있습니다.

이번에는 바다로 한번 가보도록 할게요. 바다에서의 절대강자는 놀랍게도 범고래입니다. 바다에서 범고래를 능가하는 동물은 존재하지 않습니다. 영화 〈죠스〉에 나왔던 백상아리가 범고래한테 지는지 궁금해하는 분도 있을 거예요. 집니다. 여러분은 아마 어떻게 범고래가 거대한 몸집을 가지고 있는 그 큰 백상아리를 사냥할 수 있는지 의아할 텐데요, 사냥할 수 있습니다. 백상아리는 혼자서 생활하지만 범고래에게는 한 가지 특징이 있거든요.

바로 '무리'입니다. 범고래 무리에서는 외할머니가 늘 집단의 우두머리입니다. 외할머니, 어머니, 아버지, 이모, 삼촌 등으로 이루어지는 가족 단위의 무리는 범고래를 바다에 적수를 두지 않는 절대강자로 만들었습니다.

여러분, 인간에게는 협력이라는 비밀 병기가 있습니다. 그리고 인간 못지않게 협력을 보인 두 동물 역시 각 영역에서 적수를 두지 않는 최강자가 되었습니다. 바우어가 설명했던 비밀 병기, 협력을 우리는 '가족애'라고도 설명할 수 있습니다. 한 가족으로 구성된 무리의 애정, 즉 가족애가 상호협력을 가능하게 합니다.

조금 전까지 동물들을 통해 협력을 설명했다면 이번에는 다시 인간계로 돌아와서 살펴보겠습니다. 일본인들이 사랑하는 감독, 구로사와 아키라의 영화 중에 〈7인의 사무라이〉라는 영화가 있습니다. 아마 제 강의를 듣는 분 중에는 이 영화의 이름을 이미 들어본 분도 있을 거예요. 영화의 내용은 이렇습니다.

수백 년 동안 전쟁을 했던 전국시대 때 어느 산골 마을의 농부들은 큰 고민에 빠집니다. 보리타작이 끝나고 얼마 후 산적들이 몰려와서 모든 재산을 빼앗아갈 것이라는 소식을 들었기 때문이죠. 이렇게 우리 다 죽을 바에야 그냥 자살하자는 이야기가 오가다가 한 지혜로운 노인이 아이디어를 제시합니다.

"옆 마을이 떠돌이 사무라이를 고용해서 전쟁을 했고, 그 전투에 승리해서 산적들을 쫓아냈다. 우리 마을도 한번 해보자."

이것이 이 영화의 시작입니다. 그리고 떠돌이 사무라이 일곱 명을 고용해서 무서운 산적들과 전쟁을 펼치게 되는데요. 떠돌이 사무라이 일곱 명 중 대표격이었던 칸베가 대장으로서 농민들에게 전쟁의 기술을 가르쳐줍니다.

"전투의 본질은 그런 것이다. 다른 사람을 방어하는 것이 곧 자신을 방어하는 가장 확실한 길이다."

칸베가 했던 이 말을 생각해보면 결국 전투에서의 승리에도 협력이 중요함을 알 수 있습니다.

저는 조금 전에 생존의 기술, 바로 협력에 대해 설명했습니다. 생각해보면 협력은 우리 시대에 정말 필요한 생존 기술입니다. 협력이 단순하게 행복하고 단란한 일상을 만들고, 편안함을 제공하는 것을 떠나서 생존에까지 영향을 미칠 수 있다는 것을 우리는 기억해야 합니다.

협력이 우리의 비밀 병기라는 건 정말 아무리 강조해도 지나치지 않습니다. 경제적 위기나 뜻하지 않았던 재난을 당했을 때, 그런 어려움 속에서 단단하게 협력하는 가족은 힘들어도 서로를 격려하고, 위로하고, 때로는 농담을 통해서 긴장을 완화합니다. 어려운 환경 속에서 단단한 신뢰를 형성한 동료 관계도 마찬가지로 서로를 위로하며 지탱해줍니다. 힘들지만 서로 하나가 되어서 그 힘든 시간을 버티고 결국은 앞으로 나아가는 것이죠.

반면에 협력이 적은 가족이나 동료 관계는 그런 위기가 닥치면 예민해지고 쉽게 짜증 내고, 서로에게 평소보다도 더 심한 비난을 합니다. 가뜩이나 힘들고 불안한데 끊임없이 서로에게 화를 내고 짜증을 내면서 불화를 보인다면, 그 관계는 고통이 끝나기도 전에 붕괴될 수 있습니다.

결국 우리가 겉으로 보았을 때는 경제적인 이유나 뜻하지 않은 재난 등의 문제로 인해서 관계가 붕괴된 것처럼 보이지만, 그 안을 자세히 살펴보면 관계가 붕괴된 원인은 바로 비밀 병기, 협력의 약화에 있습니다.

저는 2002년까지 독일에서 공부를 하고 한국으로 귀국했습니다. 이렇게 보니 벌써 짧지 않은 시간 동안 교수로서 생활하고 있습니다. 제가 교수로 생활하면서 만났던 여러 사람 중엔 한없이 높아만 보이고, 모든 것을 이룬 듯한 분들도 있었습니다. 그런데 그분들 중엔 한순간 쌓아놓았던 모든 것을 잃어버리고 하루아침에 무너지는 경우도 있었습니다. 요즘 흔하게 쓰는 표현으로 말한다면 '한 방에 훅 간' 것이죠.

그분들의 몰락은 어느 날 갑자기 찾아온 불운이 아니었습니다. 이미 그 불운은 과거로부터 시작되었다고 볼 수 있었죠. 그동안 잘 유지되어오던 협력이 붕괴된 것입니다.

서로 사랑하고 신뢰했던 부부 관계가 깨지고, 잘 유지되던 동료 사이의 신뢰가 무너집니다. 그러면서 어느 순간부터 가장 미워하고 증오하는 사이가 됩니다. 더 나아가서 서로 이해하지 못해 소통이 단절되고 결국 관계가 깨지고 말지요. 저는 그렇게 협력이 붕괴되면 외부적으로 위기가 닥쳤을 때 여지없이 그 위기를 극복하지 못하고 무너지는 분들을 많이 보았습니다.

여러분, 오늘날 협력은 단순한 행복 조건이 아닌 생존 기술이라는 것을 이 시간을 통해 여러분에게 당부하고 싶습니다. 제가 불행에 일정한 역사가 있다고 설명했던 걸 기억하실 겁니다. 그리고 그 가족이 불행한 진짜 이유는 바로 협력의 붕괴입니다. 상호협력의 붕괴는 모든 것을 무너지게 합니다.

가족 문제, 더 나아가서 대인관계 문제에는 이유가 있습니다. 오랜 기간 이어지던 아픔과 상처, 트라우마, 그리고 세대와 세대를 통해서 반복되고 있는 불행의 패턴 등 모든 것들이 한 가족을 끊임없이 아프게 하고 다시 돌아보게 하는 것이죠.

관계에 기술은 없다

노자가 쓴 『도덕경』에는 "남을 아는 사람은 지혜롭다고 할 수 있지만, 자신을 아는 사람이야말로 진정으로 총명한 자다. 남을 이기는 사람은 힘이 있는 자이지만, 자기 자신을 이기는 사람이야말로 진정으로 강한 자이다"라는 말이 나옵니다. 노자의 말은 이번 학기 관계심리학이 추구하는 관계 능력에 대한 견해를 반영합니다.

인간관계를 위한 능력은 기술적이고 기교적인 차원에 속하지 않습니다. 인간관계를 개선하기 위해 사용할 수 있는 몇 가지 요령만을 익혀서 그것을 적용한다면 신통치 않은 결과를 얻게 될 것입니다. 인간관계는 대단히 복잡하고, 또 관계에서 벌어지는 여러 가지 차원의 문제들이 서로 얽혀 있어서 한 가지 부분만을 개선한다고 결과가 좋아지지 않기 때문입니다. 따라서 관계심리학은 먼저 관계를 바라보는 전체적인 시각을 가지게 합니다.

관계라는 것은 종합 엔터테인먼트라고 볼 수 있을 것 같아요. 즉 우리가 관계를 잘 맺으려면 모든 부분을 다 잘해야 하는데, 상대의 움직임을 잘 파악하고, 상대를 통제하는 힘을 갖는 것만이 능사는 아닙니다. 먼저 자기 자신과 좋은 관계를 유지해야 하며, 타인과 관계를 맺는 방식이 건강하게 잘 작동해야 하죠.

내가 진지하게 한 말을 상대방이 건성으로 받아넘기면 나는 상대방의 태도에 이미 상처를 받습니다. 그러나 상대방이 내 말에 진지하게 반응해주고, 귀를 기울이며 열심히 들어주기만 해도 큰 기쁨을 느낍니다. 그런가 하면 내 말에 무관심하고 무시하는 듯한 상대방의 자세를 내가 어떻게 받아들이는가에 따라서도 전혀 다른 결과를 만들어낼 수 있어요.

무시하고 얕잡아 보는 태도로 받아들일지, 아니면 내가 말을 할 때 주변에서 발생한 소음이나 주의를 끌 만한 일로 인해 만들어진 해프닝으로 볼지, 또는 상대방이 가진 소통 방식의 문제로 볼지에 따라 달라집니다. 상대방의 무관심으로 상처받고 고통을 느낄 때 이것이 나의 인생, 인격, 외모, 스펙의 문제가 아니라 소통하는 방법의 문제라는 사실을 알기만 해도 우리는 관계 회복의 첫 단추를 잘 끼울 수 있습니다.

자, 그럼 앞으로 우리는 이런 복잡한 관계 문제들에 대해서 관계 심리학의 이론들은 어떤 입장을 취하는지 그 이론들이 가진 독특한 특징과 기존 이론과의 차이점들을 하나하나 살펴보면서 탐색해보도록 하겠습니다.

2강

관계를 바라보는 두 가지 시선

심층심리학과 체계이론

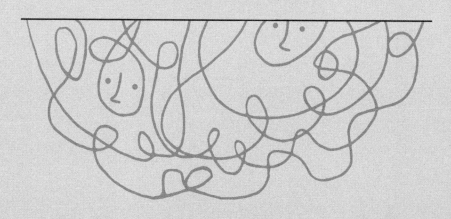

관계를 바라보는 관점에는 두 가지가 있다.
먼저, '무의식의 심리학'이라고도 하는 정신분석을 바탕으로
정통 심리학에서 바라보는 관점과
체계이론에서 바라보는 관점이다.
이를 통해 관계심리학의 이론적 배경이 되는
체계이론의 중요 기본 개념들도 함께 살펴보자.

오늘날 관계를 맺는 능력은 단순히 개인 특성이 아닌 사회생활에서 꼭 필요한 생존 능력과 연결됩니다. 집단 안에서 적을 만들지 않으며 좋은 대인관계를 형성하는 사람은 동료들뿐만 아니라 위에서도 주목합니다. 따라서, 행복한 가족을 만들고자 하는 꿈의 실현과 사회에서의 성공을 이루기 위해 관계를 맺는 능력이 반드시 필요한 것이죠. 이러한 능력은 자기계발서 몇 권을 읽는다고 해서 얻을 수 있는 능력이 아닙니다. 원리를 알아야 합니다.

심리학에는 이런 관계의 문제와 갈등을 바라보는 두 가지 관점이 있습니다. 하나는 심층심리학적 관점이고, 다른 하나는 체계론적 관점입니다.

마음의 응어리, 콤플렉스

심층심리학적 관점에서 관계의 문제를 바라보는 핵심은 '콤플렉스complex'입니다. 심층심리학은 한 개인이 부부 갈등을 겪거나 직장 생활에서 잘 적응하지 못하고 늘 긴장과 갈등상태에 놓일 때, 때로 자주 우울과 불안에 시달린다면 이것을 내면에 있는 무의식적 콤플렉스로 인한 문제로 보고, 그것을 찾아내어 해소하는 것을 우선적 과제로 삼습니다.

아마 여러분이 콤플렉스라고 하면 떠오르는 단어가 있을 거예요. 열등감이죠. 프로이트의 제자였던 알프레드 아들러Alfred Adler는 이 콤플렉스를 열등감이라는 개념을 통해서 설명합니다. 그것도 완전히 틀렸다고 할 수 없지만 요즘 대부분의 심층심리학자들은 콤플렉스를 열등감으로만 제한시키지는 않습니다.

콤플렉스는 마음의 응어리를 의미합니다. 무언가 그 사람에게 응어리가 있는 것이죠. 그 응어리가 건드려지면 이상하게도 그것에 집착하게 됩니다. 예를 들어서, 가난에 대한 응어리가 있는 사람이 있다고 합시다. 그러면 그 사람은 가난이라는 주제와 관련해서 돈이나 물질적인 것에 대해 대단히 집착하게 됩니다. 하지만 그 외의 것들에 대해서는 지극히 평범하거나 오히려 침착하게 생각하기도 합니다. 이처럼 그 사람이 유난히 집착하는 부분에는 마음의 응어리가 있는 것이고, 그 마음의 응어리를 심층심리학은 콤플렉스라고 설명하고 있습니다.

가족 갈등이나 대인관계 문제에서 가장 대표적인 콤플렉스로 두 가지가 있는데, '어머니 콤플렉스'와 '아버지 콤플렉스'입니다. 남성의 경우 주로 어머니 콤플렉스가, 여성의 경우 주로 아버지 콤플렉스가 작동되지요.

먼저 어머니 콤플렉스는 모성 결핍 또는 모성 과다에서 발생하는 콤플렉스입니다. 마음속 깊은 곳에서 어머니에 대해 집착하고, 어머니에 대한 마음의 응어리가 있는 것이죠. 어머니의 사랑이 너무 적었던 것도 콤플렉스를 만드는 하나의 원인이 되고 경계 없이 넘쳤던 것도 원인이 됩니다.

예를 들어 한 남성이 어머니 콤플렉스에 사로잡히게 되면 어떤 일이 벌어지는지 보겠습니다. 이 남성이 여자친구와 교제를 하고 결혼을 하면 이 두 남녀의 관계 안에 반드시 한 명이 따라오게 됩니다. 바로 남성의 어머니입니다. 어머니 콤플렉스를 가진 남성은 절대로 한 여성과 둘만의 관계를 만들 수가 없어요. 자신도 모르게 어머니와의 삼각관계triangular relationship를 형성합니다.

여자친구에게 따뜻한 마음을 주고 선물을 주는 그 순간마저도 이 남성의 내면에서는, '우리 어머니는 어떻게 하지? 우리 어머니가 나한테 어떻게 했는데?'라며 늘 어머니라는 주제를 갖고 들어가게 됩니다. 이 사실을 상대 여성이 알게 된다면 기겁할 일이죠.

어머니 콤플렉스를 가진 남성과 결혼한 여성은 대단히 어려움을 겪습니다. 남편이 나를 사랑하지 않아서가 아니라 그의 마음속에 치유되지 않은 어머니 콤플렉스가 끝없이 둘의 관계를 방해하고 제한한다는 사실을 받아들여야 하기 때문입니다.

어머니 콤플렉스는 남성에게만 적용되는 것이 아니라 여성에게도 적용됩니다. 여성이 어머니 콤플렉스를 갖고 있을 때는 자신도 모르게 어머니가 자신에게 했던 애정결핍과 무관심을 자녀에게 그대로 반복할 가능성이 높습니다. 자녀를 사랑하지 않아서가 아니죠. 자녀에게 관심이 없어서도 아닙니다. 자신도 모르게 어머니와의 관계 패턴을 재연하게 되는 것입니다. 그것은 무의식적인 욕구이기 때문에 그 욕구를 거스르는 것은 어렵습니다.

이렇듯이 어머니 콤플렉스를 가지고 있는 사람은 현재의 대인관계와 가족 관계 안에서 자신도 모르게 어린 시절 어머니와의 관계를 재연하며 그 안에서 잘 머물지 못하는 관계를 형성한다는 것을 알 수 있습니다. 그래서 심층심리학은 가족 갈등의 가장 중요한 원인 중 하나를 어머니 콤플렉스로 보고, 이걸 파악하고 해소하는 것에 집중합니다.

두 번째는 아버지 콤플렉스입니다. 어린 시절 아버지를 마음속 깊이 존경했거나 반대로 아버지에 대한 분노와 경멸과 원망이 가득 차 있다면 이것은 현재 삶에 어떤 식으로든 영향을 미치게 됩니다.

이번에는 아버지의 지나친 사랑 속에서 자란 한 여성의 삶을 볼게요. 남자친구를 사귀고 결혼으로 이어지는 일련의 과정에서 자신도 모르게 끝없이 아버지와 남자친구를 비교합니다.

사실 아버지만큼 완벽하게 자신을 사랑해줄 수 있는 사람은 없거든요. 부모만큼 무조건적인 사랑과 헌신을 주는 사람은 없지 않습니까? 그러다 보니 남자친구에게 과도하게 실망하게 되고 관계 안에서 어려움을 겪게 됩니다.

또 다른 예로, 아버지의 학대와 무관심 속에서 어린 시절을 보냈던 한 여성을 보겠습니다. 이분 역시 성인이 되어 남자친구를 사귀고 결혼을 하는 모든 과정에서 지난날의 아버지가 다가옵니다. 상대방에게서 아버지의 모습을 조금이라도 발견하면 바로 도망치려 하죠. 만약 아버지가 술을 좋아했다면 남자친구가 술을 조금이라도 좋아하는 것을 알게 된 순간 바로 헤어지자고 선언할 수도 있습니다. 여전히 해소되지 않은 지난날의 아버지에 대한 분노와 상처의 감정을 자신도 모르게 상대방에게 투사projection하고 전이하면서 자신의 상처를 되돌려주죠.

그런데 여기서 문제는 그 상처를 아버지에게 돌려주는 게 아니라는 겁니다. 오히려 자기가 사랑하고 지켜야 할 관계를 아버지 콤플렉스로 인해서 훼손하고 있는 거예요.

반면에 남성이 아버지 콤플렉스를 갖고 있을 때는 자신도 모르게 아버지가 자기에게 했던 행동을 그대로 따라 하거나 아니면 정반대로 행동할 가능성이 높습니다. 아버지의 무관심과 냉정함, 폭력, 중독성 행동, 경제적 무능함 등을 그대로 반복할 가능성이 있습니다.

자신도 모르게 무의식적으로 아버지와의 관계 패턴을 재연하게 되는 것이죠. 아니면 앞서 말한 것처럼 아버지의 행동과는 정반대로 행동하려고 할 수도 있습니다. 마치 '흉보면서 따라 한다'는 속담처럼 말이죠.

콤플렉스는 한 사람의 삶과 역사에서 만들어진 개인적인 것입니다. 그러나 한 개인을 둘러싼 가족이나 사회도 콤플렉스를 형성하는 데 많은 영향을 미칠 수 있습니다. 만약 한 번이라도 "나는 우리 부모님처럼 살지 않을 거야"라는 말을 한 적이 있다면, 그 내면엔 이미 어머니 혹은 아버지 콤플렉스가 있다고 볼 수 있습니다.

그래서 심층심리학에서는 꿈을 통한 해석으로 한 사람의 위기와 갈등의 원인이 되는 콤플렉스를 해결하고자 합니다. 그런데 꿈을 분석하고, 콤플렉스를 탐색하고, 그걸 해소하는 전문가가 되기 위해선 너무나 긴 수련 기간이 필요합니다. 게다가 그 과정 자체가 대단히 긴 회기와 비용이 필요하다는 점에서 한계가 있습니다.

그래서 관계 문제를 무의식을 통해 접근하기보다는 눈에 드러나는 현상을 통해 갈등과 위기를 다룰 수 있게 해주는 것의 필요성이 대두되기 시작했습니다. 그리고 이렇게 등장한 것이 바로 체계이론 system theory입니다.

결국엔, 소통

가족이나 부부 간의 갈등, 부모와 자녀 간의 갈등, 사회 안에서의 대인관계 등 관계의 여러 어려움에 대해 체계이론은 심층심리학과 정반대의 입장을 취합니다. 심층심리학은 관계의 문제를 무의식의 문제인 콤플렉스로 본다면, 체계이론은 소통과 관계의 문제로 봅니다. (체계이론을 다른 말로 체계론적 관점이라고 합니다.)

저에게 상담을 받았던 한 여성이 있었습니다. 결혼한 지 6개월 정도 되었던 여성인데요. 그분이 저에게 호소하기를 결혼하고 나서 술을 너무 많이 마시게 됐다, 1주일에 몇 번이고 식사가 아닌 술안주를 준비하고, 자연스럽게 자신도 알코올 중독자가 될까 봐 걱정된다는 것이었어요.

여기서 겉으로 드러난 건 '술'이라는 문제죠. 그런데 이야기를 듣던 중 저는 왜 결혼한 지 6개월도 안 된 여성이 늘 술을 마시고, 술상을 준비하는지 알게 되었습니다. 남편 쪽 가족이 술을 대단히 좋아하는 가족이었던 거예요. 아버지도 그랬고 아들도 그래요.

이 두 남자는 특징이 있었습니다. 평소에는 너무나 과묵하다는 것이었어요. 말이 없습니다. 대화가 거의 없고 기껏 하는 대화는 단답형인 '예/아니오'가 전부인 거죠. 그런데 술만 들어가면 말이 나온다는 거예요. 평소 하지 않았던 말을 하고, 속에 있는 이야기도 하고. 술을 마셨을 때에야 비로소 소통이 되고 정서적 교류가 되었습니다.

바로 이것입니다. 이 여성이 거의 날마다 술상을 차렸던 이유는 술이 좋아서가 아니었습니다. 남편이 가진 소통 문제 때문이었습니다. 자신도 모르게 남편과의 정서적인 가까움을 위해서 술상을 준비했던 것입니다. 겉으로 보기에 드러난 건 술의 문제였으나 진짜는 바로 소통의 문제였음을 알 수 있습니다.

가족 문제를 비롯한 대인관계 문제는 소통과 연결됩니다. 소통과 관계의 상호작용에 대한 이론이 바로 체계이론입니다. 그리고 이러한 체계이론에서 관계와 소통의 문제를 치료하기 위해 만들어진 것이 바로 '가족 테라피family therapy'입니다. 가족 테라피를 다른 말로 표현하면 '관계 테라피relation therapy'입니다.

가족 테라피의 역사는 좀 짧은데요, 1950년이 태동기였습니다. 그 시작은 정신분석을 비롯한 개인 중심 심리 테라피의 한계에서 출발하죠. 게슈탈트 테라피gestalt therapy, 사이코드라마psychodrama 등 오늘날 대부분의 심리 테라피 모델들이 1950년을 기점으로 폭발적인 성장을 했습니다. 왜 1950년일까요?

1950년은 그만큼 많은 심리적인 측면의 문제를 해결하고자 하는 수요가 있었던 시기입니다. 2차 세계대전과 한국전쟁 등이 끝나고 많은 참전 용사가 고향으로 돌아가면서 외상후스트레스 장애PTSD를 비롯해 가족 문제 등 심리적인 문제들이 폭발합니다. 그러나 그때까지 심리 테라피를 할 수 있는 유일한 도구는 정신분석밖에 없었습니다. 심층심리학밖에 없었죠.

심층심리학을 할 수 있는 전문가가 나오려면 최소 10년의 수련 기간이 필요합니다. 내담자들은 쏟아지는데 전문가는 부족해요. 수요와 공급의 문제가 생긴 거죠. 그래서 정신분석이 아닌 다른 방식으로 전문가를 배출할 방법을 탐색하게 되었고 이것이 그 당시 체계이론을 폭발적으로 성장시키는 계기가 되었습니다. 가족 테라피 역시 이 시기에 한 자리를 차지하게 되었습니다.

끊임없이 상호작용하는 인간

우리는 사회적 존재입니다. 사회적 존재로서 가족 안에서 끊임없이 상호작용을 합니다. 가족 중 누군가가 우울해하면 그건 그 사람만의 우울로 끝나지 않습니다. 그 사람이 가진 정서적인 우울은 순식간에 가족 전체로 전염이 되죠.

특히 감정은 전염성이 대단히 뛰어납니다. 코로나19가 전염성이 굉장히 높다고 하지만 사실 그 이상으로 전염력이 강한 것이 가족들의 감정 상태입니다. 다시 말해 인간은 환경에 둘러싸여 있고, 스스로 그 환경을 이루는 대상이 됩니다. 여기서 환경의 변화는 개인의 변화로 이어지죠. 개인적으로 스트레스를 받는다고 할 때 그 스트레스를 혼자서 해소하는 것도 한 방법이겠지만 스트레스 요인이 되었던 환경을 변화시킴으로써 개인의 스트레스를 낮출 수도 있습니다.

예를 들어 부모가 맨날 싸우고, 집안이 경제적으로 매우 어려운 상태에서 행복할 수는 없죠. 아무리 긍정적으로 생각하고, 이 갈등을 잊으려 노력할지라도 늘 싸우는 부모와 경제적인 압박을 느끼는 환경으로부터 전혀 영향을 받지 않을 수는 없습니다. 이럴 때 해결 방법은 두 가지입니다. 심층심리학적 접근으로 나(개인)를 변화시킬지 아니면 체계론적 접근으로 나(개인)를 둘러싼 환경을 변화시킬지.

영국의 과학자였던 그레고리 베이트슨Gregory Bateson이 왜 체계이론의 대표적인 인물이 됐을까요? 그 이유는 그가 연구한 한 연구 프로젝트와 연결되어 있습니다.

그는 1950년에 미국 정부로부터 연구비를 받아 정신분열을 연구했습니다. 베이트슨은 자신의 연구와 기존에 있던 연구에 차별점을 두었는데, 바로 체계이론을 도입했다는 것입니다. 그래서 생물학과 인공지능에서 발전된 개념인 체계이론을 정신분열 환자와 그 가족들에게 적용하면서 아주 중요한 패턴을 찾아내게 됩니다. 바로 '이중구속이론double bind'입니다. 한 대화 속에 두 개 이상의 메시지를 넣는 것을 뜻합니다.

베이트슨이 이중구속적 상황을 발견하게 된 결정적 사례가 있습니다. 정신분열에 걸린 한 청년이 있었는데, 그 청년이 많이 회복되면서 어머니가 병문안을 오게 되었어요. 아들은 어머니를 보고 반가워서 "엄마" 하면서 다가가서 포옹하려고 했습니다. 이럴 경우 어머니는 어떻게 하면 될까요? 자연스럽게 아들을 안아주거나 아들의 포옹에 몸을 맡기거나 하면 되겠죠.

그런데 어머니는 "엄마" 하면서 다가오는 그 아들의 팔을 미꾸라지처럼 피했습니다. 그래서 아들은 허공을 안게 된 거예요. 이것을 어떻게 받아들여야 할지 혼란스러워하고 있는 아들에게 어머니가 말합니다.

"아들아, 너 거기서 뭐하니? 나를 사랑하지 않는 거니? 이제 엄마는 사랑하지 않나 봐?"

아들은 대혼란에 빠지게 되었습니다. 몸을 피한 것은 어머니인데 당황해하고 있는 나를 보며 어머니가 질책을 하고, 왜 자기를 사랑하지 않냐고 묻는 거예요. 말 그대로 아들은 이럴 수도 없고 저럴 수도 없는 대혼란에 빠진 것입니다. 분명히 날 거절한 것은 어머니인데도 불구하고 그 책임을 나한테 전가하니까요. 결국 이런 혼란 상태에 빠졌던 청년은 어머니의 병문안 이후 병세가 급속도로 악화되어서 분열 상태가 더 진전되고 말았습니다.

여러분, 상대가 나한테 무언가 메시지를 보낼 때 그 안에는 하나의 메시지만 있어야 합니다. 그런데 한 대화에 메시지 두 개가 들어가 있고, 거기다가 그 메시지가 서로 상반된 메시지라면 어떨까요? 그 말을 듣는 사람은 대단히 혼란에 빠지게 될 것입니다. 이럴 수도 없고 저럴 수도 없는 거죠. '도대체 나보고 뭐라고 하는 거야? 어떻게 하라고?' 대단히 당황스러운 상황에 빠진다는 거죠.

말이 가장 좋아하는 것이 각설탕이라고 합니다. 어느 한 기수가 각설탕을 손에 올려 말에게 내밀었습니다. 여기까진 좋았어요. 그런데 말이 보니까 기수의 다른 손에 채찍이 들려 있는 거예요. 순간 말은 혼란에 빠집니다. 그리고는 이렇게 생각하죠. '각설탕을 먹으라는 건가 아니면 먹지 말라는 건가?'

메시지는 하나여야 합니다. 각설탕을 들고 있거나 아니면 채찍을 들고 있거나. 그런데 기수가 서로 상반된 두 가지의 메시지를 말에게 제시함으로써 말은 혼란에 빠지게 되죠. 사람도 마찬가지입니다. 어머니가 있는 대로 자녀의 자존심을 뭉개는 말을 하고는 마지막에 이렇게 말합니다.

"이게 다 널 위해 이러는 거야, 너를 사랑하지 않았으면 이런 말을 했겠니?"

조금 전까지 오만 가지 비하와 자존심을 무참히 밟아놓는 말을 했는데, 갑자기 이게 다 널 사랑해서 하는 말이라고 합니다. 그 말을 듣던 자녀는 혼란에 빠지죠. 나를 비하하고 무시했던 것도 어머니이고, 나를 사랑해서 이런다고 했던 것도 어머니잖아요. 결국 이 상반된 두 가지 메시지 중에 나는 뭘 받아들여야 할지 혼란에 빠지죠. 바로 이것이 이럴 수도 없고 저럴 수도 없는 바로 이 혼란의 상태, 바로 이중구속적 상황이라고 설명할 수 있습니다.

그런데 이런 예들은 우리 일상 속에서 정말 많이 발생합니다. 예를 들어서 어머니가 아들에게 생일 선물로 옷 두 벌을 선물했습니다. 아들이 고마워서 옷을 한 벌 입고 나왔습니다. 순간 어머니가

"아들, 다른 옷은 마음에 안 들어?"라고 말했고, 아들은 당황스러움을 느끼게 되죠. 어머니가 사주는 옷에 기뻐하면서 한 벌 입고 나오는데 왜 다른 옷은 안 입고 나왔냐고 하니까요. 동시에 두 벌 입고 나올 수는 없잖아요. 하지만 어머니가 오히려 날 질책합니다. 말 그대로 이럴 수도 없고 저럴 수도 없는 상황이죠.

또 한 예를 들어볼게요. 대학에서 교수님이 학생들한테 질문을 요청합니다. 그래서 한 학생이 용기를 내서 교수님에게 질문을 했습니다. 그런데 질문을 받은 교수님이 "아니 그걸 질문이라고 하니? 질문을 하려면 좀 제대로 해야지"라고 하면서 학생의 질문을 받아주지 않고 묵살합니다. 이걸 지켜본 다른 학생들은 이런 상황에 빠지죠. '질문을 하라는 거야, 말라는 거야.' 질문을 안 해도 혼나고, 해도 혼나니 학생들은 혼란에 빠집니다.

그런데 이런 경우는 학기가 끝나고 그 교수님의 수업을 수강하지 않으면 됩니다. 하지만 문제는 이런 식의 의사소통을 하는 사람이 부모라면 어쩔 도리가 없다는 것입니다. 부모를 바꿀 수도 없고, 잘못된 의사소통을 지적하기에도 힘이 없습니다. 잘 모르거든요.

어릴 때부터 이런 식으로 의사소통을 해왔던 부모에게 "왜 이런 식으로만 소통하는 거야"라고 항의할 수도 없고, 그것에 대해서 피드백을 보낼 수도 없습니다. 그냥 당연한 거예요. 베이트슨은 이런 혼란스러운 사춘기를 보내게 되면 이후 맞닥뜨리는 위기의 순간 내면에 분열이 발생할 수 있다는 사실을 발견하게 된 것입니다.

가족을 하나의 시스템, 체계로 본다는 것은 가족을 볼 때 부분적으로 보는 것이 아닌 전체적으로 본다는 것입니다. 쉽게 말해 심층 심리학적으로 접근한다고 하면 개인의 무의식과 개인의 경험에 초점을 맞추는 것이겠지만, 체계론적으로 접근한다고 하면 개인적인 문제만이 아니라 그 개인을 둘러싼 가정 환경, 그리고 그 안의 상호작용에서 문제의 핵심을 찾는다고 설명할 수 있겠습니다.

그래서 체계이론은 인간을 다른 사람과 끊임없이 상호작용하는 존재, 즉 고립된 존재가 아닌 사회의 한 구성요소로서 전제하고 관계를 바라보고 있습니다.

가족이라는 커다란 시스템

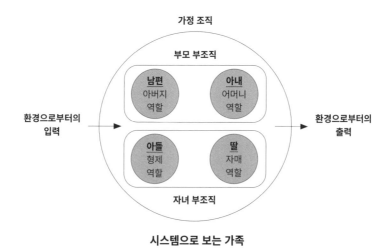

시스템으로 보는 가족

이 그림은 체계이론을 설명하는 대표적인 그림인데요. 가족을 하나의 시스템으로 생각하고 보는 거예요. 가족이라는 하나의 시스템 안에 들어온 환경으로부터의 입력이 다시 출력으로 나가는 일련의 과정을 체계이론으로 설명할 수가 있습니다. 즉 하나의 가족이라는 체계 속에는 입력과 출력이라고 하는 체계론적 제어장치가 작동된다는 의미입니다.

피드백

'입력input'은 가족 밖의 환경으로부터 들어오는 모든 메시지와 정보이고, '출력output'은 가족 안에서 밖의 환경으로 나가는 모든 메시지와 반응입니다. 이런 입력과 출력을 거치는 일련의 과정을 '피드백feedback'이라고 합니다.

피드백에는 긍정적 피드백과 부정적 피드백, 이렇게 두 가지 형태가 있습니다. 이 말은 '피드백이 긍정적이었다, 피드백이 부정적이었다'가 아니라 임상에서 쓰는 '포지티브positive'와 '네거티브negative' 같은 맥락이라고 할 수 있습니다. 쉽게 말해서 '코로나19 검사를 했는데 결과가 음성 혹은 양성으로 나왔다'와 같은 개념입니다.

예를 들어볼게요. 딸이 대학생이 되었습니다. 이 집의 가족체계는 아주 보수적이었죠. 특히 11시 전에는 반드시 귀가해야 한다는 규칙이 있었습니다. 하지만 딸이 대학에 들어가서 보니 다른 친구들은 전혀 그렇지 않습니다. 불가피한 경우에는 어머니에게 전화로 충분히 설명하면 11시가 넘는다고 해도 받아주는 거예요. 신입생 때는 환영회나 동아리 때문에 귀가 시간이 늦어질 때가 많잖아요.

그래서 다른 친구들의 부모님이 11시가 넘어도 괜찮다고 말했다는 외부 정보가 들어옵니다. 이게 입력입니다. 그리고 그 정보가 딸에게 들어왔고 딸은 자신의 부모에게 이 사실을 이야기하죠. 그러면 이게 일종의 피드백 과정이라 할 수가 있습니다.

이때 부모가 딸에게 이야기합니다. "그래, 이제 너도 대학생이 되었으니 사정이 있으면 반드시 전화를 하고 11시 넘어서 와도 된단다"라고 하면서 피드백 과정을 마치게 되죠. 이게 출력입니다.

이렇게 외부에 들어왔던 내용이 이 가족의 변화를 일으켰습니다. 이게 바로 '포지티브'인 겁니다. 변화가 일어났는지 그 여부를 보는 거죠. 여기서는 변화가 일어난 거예요. 긍정적 피드백으로 설명이 가능합니다.

반면에 아버지가 "우리 집은 안 된다. 무조건 11시까지 들어와야 한다"라고 했다면, 이 가족은 아무런 피드백이 일어나지 않은 것입니다. 이것이 바로 '네거티브', 부정적 피드백이 일어났다고 설명할 수가 있는 겁니다.

긍정적 피드백이 무조건 좋은 건 아닙니다. 늘 변화가 일어나면 가족의 정체성을 잃어버리고, 심지어는 가족이 무너질 수도 있습니다. 반면 늘 부정적인 피드백만 이루어진다면 폐쇄적인 가족이 되고 가족 구성원들은 답답함을 느낄 수 있겠죠. 그래서 가장 중요한 건 '가족이 균형 잡힌 상태를 얼마나 잘 유지할 수 있는가'입니다.

구한말, 산업화가 이루어진 서구 열강은 최첨단 무기와 경제력, 최신 기술로 무장한 채 아시아로 밀려들었습니다. 이때 조선은 폐쇄정치를 했습니다. 늘 그랬던 것처럼 모든 문을 걸어 잠그고 폐쇄적 시스템을 유지하면 나라가 살 수 있을 거라 생각했지만 그것은 큰 오산이었습니다. 결국 조선이라는 나라도 이 지구, 이 세계의 한 일원일 수밖에 없었던 거죠. 그렇게 억지로 문이 열리게 되고, 급속한 개방과 함께 서구 문물이 밀려들어오면서 조선은 결국 나라를 빼앗기게 되었습니다.

마찬가지로 어떤 가족이 개방이고 폐쇄냐 하는 문제가 가족이 얼마나 기능하고 또는 역기능*하는지를 나누는 것은 아닙니다. 건강한 가족은 때에 따라 가족을 개방할 수 있고, 폐쇄할 수도 있는 거예요. 적당한 균형, 이것이 가족에서 가장 중요한 기능적 모습입니다.

---

* 역기능의 반대는 기능입니다. 'function'이죠. 역기능은 'dysfunction'입니다. 그래서 가족 테라피에서 '문제가 있다, 문제가 없다'는 표현은 하지 않습니다. 이해하기 쉽게 설명하려고 그런 단어를 쓰긴 하지만 공식 용어가 아닙니다. 우리 주위에 어떤 가족도 문제가 없는 가족은 없습니다. 다만 어떤 가족의 문제가 너무 커서 도저히 스스로 극복할 수 없게 될 때 '기능하지 못한다'라는 의미로 역기능이라고 표현하죠. '기능하는' 가족은 완벽하게 건강한 가족이 아니라 문제가 있지만 스스로 잘 극복하는 가족을 말합니다.

전체성

전체성이란 말 그대로 부분만 보는 것이 아니라 전체적으로 보는 것을 의미합니다. 전체에 대한 사고, 이것이 바로 체계론적 사고 관점이기도 합니다.

대학에 들어가면 설레는 마음으로 미팅을 하기도 하지요. 미팅에서 가장 중요한 것은 뭘까요? 물론 사람에 따라서 다르겠지만 외모에 '필(feel)'이 꽂힐 가능성이 높겠죠.

만남의 출발에 분명 외모라는 부분 또한 영향을 미칩니다. 그런데 그 한 부분만 보고 그 사람의 전체를 이해할 수는 없죠. 결국 외모뿐만 아니라 성격, 분위기 등 전체적인 면을 통해서 서로 선택하는 것 아니겠습니까? 이처럼 한 부분으로 시작해 전체를 보고 결정하듯이, 체계론적 관점은 관계를 한 부분이 아닌 전체적 관점을 통해 봅니다.

예를 들어 두 남녀의 관계가 처음과 달리 삐걱대는 것은 겉으로 보면 단순히 성격의 차이로 인한 문제인 것처럼 보일 수도 있습니다. 그러나 전체적 관점으로 보면 관계의 문제를 야기한 다양한 측면들도 고려할 수 있게 됩니다. 두 사람 사이의 힘겨루기, 경제적 주도권, 문화적 차이 등 다양한 측면을 고려하게 되면서 두 사람이 갖는 관계의 문제를 다각도에서 볼 수 있는 것이죠. 즉 나무 하나하나를 보던 시각에서 벗어나 나무들이 모인 숲을 보게 된다고 할 수 있을 것 같습니다.

상호작용

아기 방에 보면 모빌 있지 않나요? 그 모빌을 톡 건드려볼게요. 건드려진 건 한 부분이었지만 곧 모빌 전체가 움직이는 걸 볼 수가 있습니다. 가족도 마찬가지예요. 가족도 한 개인의 문제로 끝나갈 것 같았으나 결국 가족 전체 문제로 이어지게 됩니다.

예를 들어볼까요? 남편이 회사에서 대단히 안 좋은 일을 겪었습니다. 당연히 얼굴은 굳고 감정은 우울해질 수밖에 없죠. 아무리 표정을 관리해도 겉으로 드러납니다. 그래서 퇴근 후 아무 말도 없이 저녁을 먹는 남편의 굳은 표정과 힘들어하는 모습을 본 아내가 걱정스런 마음에 식사하면서 묻습니다.

"여보, 회사에서 뭐 안 좋은 일 있었어요? 안 좋은 일 있으면 나한테도 이야기를 해요."

이때 이미 회사에서부터 화가 나 있던 남편은 아내의 말을 듣는 순간 격분해서 화를 벌컥 냅니다.

"나는 밥 먹을 때 꼭 이야기하면서 밥을 먹어야 돼? 말없이 조용히 밥을 먹을 수도 없어?"

이때 당황한 아내도 남편에게 화를 내며 말합니다.

"아니 회사에서 안 좋은 일이 있으면 회사에서 풀지, 왜 집에 와서까지 나한테 화를 내!"

부모가 갑작스럽게 식탁에서 싸우는 걸 본 자녀들은 슬금슬금 자기 방으로 들어가죠.

그런데 둘째 녀석이 보던 만화를 끝까지 보려고 남아 있습니다. 부부 싸움이 제대로 해소되지 못한 상태에서 잠시 소강상태가 되었을 때 아내의 눈에 무심하게 만화를 보고 있는 둘째의 모습이 보입니다.

아내는 "너 숙제는 하고 지금 만화 보고 있는 거야!"라고 하면서 평소보다 더 강한 어조로 윽박지르며 자녀에게 훈계를 합니다. 자녀는 압니다. 엄마가 자신에게 화풀이하고 있다는 것을요. 그러니까 자녀도 화가 난 상태로 "숙제할게!"라고 하면서 방으로 쿵쿵 들어가게 됩니다.

자, 볼까요? 처음 자극을 받은 건 남편이었습니다. 하지만 그 자극은 남편 개인의 자극으로 끝나지 않고 아내에게 파장을 미쳤습니다. 곧이어 그 파장은 자녀에게도 전이가 되었습니다.

여러분, 이게 바로 가족입니다. 끝없는 상호작용 속에서 상대방의 감정이 나에게 옮겨지고, 그 과정에서 내가 경험하지 않은 아픔과 슬픔, 고통도 전달됩니다. 그래서 도대체 무엇 때문에 힘든지 모르면서 갈등하게 되고, 애증으로 뒤엉킨 관계로 이어지는 것이죠.

항상성

가족체계를 이해하는 개념 중 항상성이라는 것이 있습니다. 항상성이란 가족 안에서 일정한 무게 중심을 유지하려고 하는, 눈에 보이지 않는 원심력입니다. 일종의 추와 같습니다. 무게 중심이 한쪽으로 넘어가면 가족 안에서는 언제나 일정한 상태를 유지하기 위해 이 눈에 보이지 않는 원심력이 작용합니다. 그래서 가족항상성은 가족원심력이라고도 하는데, 가족의 문제와 증상이 계속 어떻게 유지되는지를 항상성의 개념을 통해서 이해하는 것입니다.

가족의 문제는 어떤 가해자와 피해자의 도식만이 아니라 거미줄처럼 얽혀 있는 일정한 패턴을 이해해야 됩니다. 특히 역기능적인 가족의 경우, 말로는 변화를 꿈꾸지만 자세히 보면 자신도 모르게 상처를 주고받으며 고통스러운 갈등상태를 유지하려고 하는 어떤 원심력을 가지고 있습니다.

대표적인 것이 알코올 중독자의 가족일 수 있을 것 같아요. 대표적인 역기능적 가족인데 여기에도 가족항상성이 있습니다. 남편은 알코올에 중독되어 있고 가족들은 그런 남편에게 중독되어 있습니다. 이것을 심리학에서는 '동반 의존 관계'라고 설명하는데, 여기에서 이런 역기능적인 상태가 끝없이 유지되게끔 만드는 일종의 보이지 않는 원심력이 작용하는 것이죠. 그래서 오늘날 알코올 중독을 치료하기 위해서는 알코올 중독을 가진 사람만 상담하지 않습니다. 동반 의존 관계인 가족들을 변화시켜 가족항상성을 바꾸는 데 초점을 맞추죠.

가족을 비롯한 모임이나 조직 등 사람들 사이에 관계를 맺는 모든 일들은 하나의 체계로, 여기에는 항상성의 법칙이 작동합니다. 앞서 말했듯 항상성의 법칙이란 언제나 일정한 균형을 유지하려는,

눈에 보이지 않는 규칙입니다.

두 사람이 마주 보고 서 있을 경우 한 사람이 한 걸음 다가가면 상대방은 반드시 뒤로 물러서게 됩니다. 무의식적으로 기존에 유지되고 있던 균형을 깨고 싶지 않다는 마음이 작용했기 때문입니다. 따라서 우리는 하나의 체계 안에서 관계의 변화를 일으키기 위해서는 항상성의 변화를 전제해야 한다는 것을 기억해야 합니다.

3강

나는 나와 어떤 관계를 맺고 있는가

자아분화

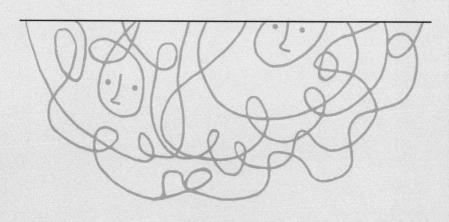

보웬은 관계에도 불행의 반복성과
유사한 점이 있다고 보았다. 자신도 모르게
이전 세대에 걸쳐 해왔던 불행한 관계를 재연하는 것이다.
이는 자아분화가 낮은 가족이 불행한 관계의 패턴을
대물림하고 다음 세대에 전수하는 것과 같다.
이때, 자아분화가 낮다는 것은 불안이 높고
스트레스 상황에 미숙하게 대처하여 긴장과 갈등을
증폭시키는 것을 말한다. 결국, 불행한 관계로
고통받는 악순환이 계속되는 것이다.

앞서 『백년식당』에서 "쉽고 단순하며 맛있는 요리를 하는 건 가장 어려운 수준에 도달했을 때 가능한 일이다"라는 구절을 소개해드렸는데요, 저는 보웬의 이론이 그런 경지에 도달한 이론이 아닌가 합니다. 머레이 보웬Murray Bowen은 체계이론을 받아들여서 관계심리학의 새로운 장을 열었지만, 그 이전에 정신분석을 훈련받은 정신분석가입니다. 그래서 정신분석적 요소들이 그의 이론의 기본을 이룬다고 할 수가 있어요. 지금부터 살펴볼 보웬의 이론은 한국의 관계 문제에도 적용 가능성이 높습니다. 그래서 보웬만큼은 1, 2부로 나누어 살펴보려 합니다. 오늘은 1부에 해당하는 자아분화 개념을 중심으로 살펴보겠습니다.

소화되지 않은 상처

상담실에 오는 사람들에겐 저마다 여러 문제가 있죠. 우울과 불안, 자살 충동 같은 증상들을 이야기하는 경우가 많습니다. 이런 증상을 가진 사람들 대부분은 관계에서도 문제를 갖고 있습니다. 가족 관계도 문제지만, 특히 학교생활이나 직장에서의 관계, 더 나아가서는 SNS상에서의 관계, 거기서 또 한 발 더 나아가선 미래에 대한 두려움까지도 갖게 됩니다.

'과연 내가 성공할 수 있을까?', '내가 취직할 수 있을까?', '내가 과연 좋은 사람을 만날 수 있을까?' 등 미래에 대한 끝없는 불안과 근심을 갖는 거죠. 프로이트는 이런 증상을 가진 사람들의 문제를 그들이 어린 시절에 경험했던 '외상'이라고 표현합니다. 한국어로 말하면 외상이지만 영어로 표현한다면 이게 바로 '트라우마trauma'가 되는 것입니다.

트라우마는 그리스어로 '상처'라는 뜻입니다. 우리 몸과 마음이 심하게 다치거나 충격을 받았다는 것이죠. 그럼 이런 질문을 하실 수 있을 거예요.

"교수님, 그럼 우리가 일반적으로 쓰는 상처라는 단어와 트라우마는 어떤 차이가 있나요?"

우리는 일상 속에서 마음의 상처를 수도 없이 받습니다. 친한 친구나 동료가 내 의견을 지지하는 반응을 보이지 않았거나, 친구에게 문자를 보냈는데 바로 답이 없고 한참 뒤에 왔을 때 등 뭐라고 항의하기는 어려운 일들이지만 우리는 하루에도 몇 번씩 이런 일들로 마음이 상하고 상처를 받죠. 그렇지만 이 모든 것들을 트라우마라고 표현하지는 않습니다.

트라우마는 상처입니다. 그런데 소화되지 않는 상처입니다. 많은 시간이 지나도, 아무리 잊으려 해도, 해결하려 노력해도, 용서하려고 애를 써도 도저히 지워지지 않는 상처가 외상, 즉 트라우마라고 할 수 있습니다.

그렇다면 트라우마는 어디서 만들어질까요? 사랑하고 신뢰했던 사람들 사이에서 만들어집니다. 어린 시절 우린 의존적일 수밖에 없고 부모의 절대적인 돌봄과 애착이 필요하기 때문에 상처에 더 노출될 수밖에 없습니다. 의지하고 신뢰하던 사람으로 인해 행복할 수도 있고 불행할 수도 있는 거죠. 결국 대부분의 트라우마는 가장 소중한 사람들과의 관계 안에서 발생합니다.

얼마 전에 전철을 탈 일이 있었습니다. 가뜩이나 코로나19로 예민해진 상황인데 전철엔 사람들로 가득했습니다. 사실 요즘 같은 때는 우리가 전철에서 서 있는 것이 힘든 게 아니라 사람들과 부대끼는 게 힘든 거잖아요.

그래서 저는 자리를 찾다가 금방 내릴 듯한 사람 앞에 가방을 들고 서 있었습니다. 다행히 제가 찍은 그분이 일어나려고 가방을 챙기시더라고요. 그래서 제가 앉으려는 순간! 바로 제 옆에 있던 한

학생이 저를 밀치고 그 자리에 앉았습니다. 그리고 아무 일도 없었다는 듯이 스마트폰을 꺼내서 게임을 하는 거예요. 열이 확 받았지만 여기서 지금 항의를 한다고 해서 저 친구가 나한테 사과할 것 같지는 않았어요. 그래서 고민하다가 결국 그 자리를 피했고, 전철에서 내렸습니다.

그리고 나서 이런저런 일을 마치고 다시 전철을 타는데, 분명히 아까는 화가 나고 불편했는데 지금은 그렇지 않은 거예요. 그 학생은 분명 사람 많은 전철에서 제가 조금이나마 공간을 유지할 수 있는 가능성을 빼앗았습니다. 그래서 저는 상처를 받았죠. 그런데 그 학생은 나와 아무 관계가 없는 사람이에요. 이름도 모릅니다. 그리고 제가 다시 전철을 탔을 때 그 학생을 만날 가능성도 거의 없습니다.

상처의 크기에 의해서 트라우마가 생기는 게 아닙니다. 우리에게 깊은 상처를 남기는 관계는 이름도 모르는 사람과의 관계에서 발생하는 게 아니에요. 내가 사랑하고, 내가 소중하게 여기고, 내가 필요로 했던 사람이 나에게 했던 말 한마디, 눈빛, 표정 등이 오랜 시간이 지나서도 마음속 트라우마로 남습니다.

그렇기 때문에 결과적으로 말씀드린다면 트라우마는 객관적인 것이 아닙니다. 상처가 크다 해도 나와 전혀 관계없는 사람 사이에서 발생한 것이라면 우리는 그 상처를 잊을 수 있고, '망각'이라는 기재를 활용할 수 있습니다.

하지만 내가 사랑했던, 나의 정서적 울타리라 여겼던 가족 안에서 만들어진 상처라면 비록 그것이 남들 보기에는 대단히 작은 것 같고 아무것도 아닌 것 같이 느껴진다 해도 본인의 마음속에는 평생 지워지지 않는 아픔과 고통이 되는 거죠.

불행에도 패턴이 있다

여기 어린 시절 외로웠던 사람이 있습니다. 물론 그건 자기가 선택한 것이 아니었죠. 부모가 아이를 돌보지 않은 채 방치했고, 그래서 외로움 속에서 어린 시절을 보내야만 했습니다.

이제 그 사람이 성인이 되었습니다. 더는 어린 시절처럼 외롭지 않아도 되는데 그는 자신도 모르게 스스로 외로운 상황 속에 자신을 놓아둡니다. 자신을 외롭게 만드는 사람들과 교제를 하고, 그런 사람과 결혼하게 되면서 또다시 스스로를 고립시킵니다. 그렇게 자의 반, 타의 반으로 성인이 되어서도 어린 시절의 외로움을 여전히 벗어나지 못한 채 살아갑니다.

프로이트는 어린 시절 트라우마를 경험했던 사람이 성인이 되어서도 그 불행했던 어린 시절의 경험을 무의식적으로 반복한다는 것을 예리하게 관찰했습니다. 여기에서 프로이트는 '반복 강박repetition compulsion'이라는 정신분석의 핵심 개념을 이야기합니다.

조금 전에 보웬도 정신분석가였다고 말씀드렸잖습니까? 보웬 역시 부모의 불행이 부모의 불행만으로 끝나지 않고, 자녀에게 대대손손 대물림되는 것을 관찰하면서 가족 문제 안에 중요한 개념이 하나 있다고 보았습니다. 이것을 프로이트를 비롯한 정신분석에서는 반복 강박이라고 말했지만 보웬 같은 가족상담사는 '세대 전수'라고 표현했습니다. 우리가 흔히 말하는 '유전된다'는 개념은 바로 여기서 출발합니다. 결국 한 사람의 문제와 갈등은 일회성으로 끝나는 것이 아니라 그것이 일정하게 하나의 패턴으로 반복될 수 있다는 것입니다.

예를 들면 이렇습니다. 알코올 중독자 가정에서 성장한 자녀는 알코올 중독자가 되거나 알코올 중독을 가진 사람과 결혼할 가능성이 대단히 높습니다. 학대받고 자란 자녀는 성장해서 학대를 하는 사람이 되거나 학대를 하는 사람과 결혼할 가능성이 정상인의 네 배가 넘는다고 합니다. 성性적 학대를 받고 자란 자녀가 성적으로 어려움을 가진 사람이 되거나 성적인 문제를 일으킬 가능성도 상대적으로 굉장히 높습니다. 그리고 또 볼까요? 지나친 통제 속에서 자란 자녀는 남들이 지나치게 자신을 통제하도록 내버려두거나 남들을 지나치게 통제하는 사람이 될 가능성이 대단히 높습니다.

어린 시절에 트라우마를 경험한 사람은 자기도 모르게 성인이 되어서 또 다른 트라우마에 스스로를 노출시킵니다. 일부러 그러는 것은 아닙니다. 일종의 익숙함입니다. 그것이 너무 싫었지만 그 외에는 모르는 거예요. 그래서 자의 반, 타의 반으로 그 감정과 상황으로 스스로를 몰아갈 수 있다는 거죠.

이것은 단순히 성격과 취향의 문제가 아니라 계속해서 주기적으로 반복되는 패턴입니다. 이것을 프로이트는 개인상담에 맞추어서 반복 강박, 즉 한 사람의 반복성이라는 측면에 집중했고, 보웬 같은 가족상담사는 한 사람의 반복성이 아니라 한 가족, 한 세대의 반복에 초점을 맞췄다고 할 수가 있지요.

행복도 배워야 한다

아일랜드 출신의 세계적 심리학자인 토니 험프리스Tony Humphreys는 이런 말을 했습니다. 30년 동안 정말 많은 가족들을 상담했지만, 놀랍게도 일부러 자녀와 배우자에게 해코지를 하려고 했던 사람은 단 한 명도 보지 못했다는 것입니다.

우리가 때로는 언론을 통해서 심각한 문제를 가진 가족들을 볼 수 있지 않습니까? '어떻게 저럴 수 있을까? 저러고도 사람이야?'라는 생각마저 들게 하는 가족들도 알고 보면 고의로 그런 행동을 하지는 않았다는 거예요. 자기도 모르게 무의식적으로 그가 어린 시절에 경험했던, 그리고 그의 부모 세대에서 발생했던 불행의 패턴을 반복했던 것입니다.

가족 안에서 문제가 발생하면 보통은 그 문제를 가장 크게 일으킨 사람에게 책임을 돌립니다. 그게 모두 틀린 것은 아닐 수도 있어요. 그러나 가족이 가진 한계는 대부분 태어나고 자란 가족의 환경에 의해서 결정된다는 것입니다. 표면적으로 드러난 것이 원인의 전부가 아니라 빙산의 일각일 수 있다는 거죠.

그래서 뒤틀리고 휘어진 관계의 문제들이 어떤 누군가의 잘못이고, 또 누군가의 피해로 그치는 것이 아니라 지속적으로 반복된다는 것을 이해한다면 우리는 관계 문제에 좀 더 깊은 통찰을 가질 수 있습니다.

오래 전 한 여성을 상담한 적이 있었습니다. 흔히 말하는 '교회 오빠'를 만나 결혼한 분이었는데 여성은 평범한 가정에서 나고 자랐지만, 남성은 거의 고아나 다름없는 사람이었습니다. 아주 어린 시절에 부모가 이혼을 했고, 주 양육자 없이 혼자 외롭게 방치된 채 성인이 된 사람이었죠.

어느 날 데이트를 하면서 남성이 여성에게 "나는 부모에게 버림받았고, 외로운 어린 시절을 보냈다. 하지만 그것을 보상받기 위해서라도 더 행복하고, 사랑이 넘치는 가정을 만드는 것이 나의 꿈이고 비전이다"라고 말합니다.

여성은 불행한 어린 시절을 극복하려는 남성의 말에 마음이 움직여 그를 사랑하게 되었고, 결혼까지 하게 되었습니다. 하지만 여성의 가족 입장에서 반길 수 있는 결혼은 아니었죠. 결혼식 전날까지도 반대하던 어머니는 이렇게까지 제안했다고 합니다.

"지금까지 돌렸던 청첩장이랑 예약해놓은 예식장 모두 지금이라도 취소할 수 있단다. 제발 마음을 돌리렴."

하지만 여성은 어머니에게 행복하게 살겠다고 울면서 사정했고, 다음날 무사히 결혼식을 올릴 수 있었습니다.

정말 힘들게 한 결혼이었죠. 그래서 이제 누구보다도 행복하고 멋진 결혼 생활이 이어지나 했는데, 막상 결혼 생활은 대단히 불행했다고 합니다. 이제는 남편이 된 남성이 본격적으로 직장 생활을 시작하면서 술에 찌들어서 들어오고, 그럴 때마다 직장에서 받았던 스트레스를 아내에게 풀기 시작했던 거예요. 남성의 언어적·신체적 폭력은 날이 갈수록 점점 더 수위가 높아졌습니다.

이런 상황에서 이 여성을 구할 수 있는 것은 친정 식구들밖에 없습니다. 자기가 어떤 일을 당하고 있는지, 남편에게 어떤 폭력으로 시달렸는지를 친정 식구들에게 다 이야기해야 제대로 된 보호를 받을 수가 있습니다. 혼자서만 끙끙 앓고 참으면 폭력은 한 번에 그치지 않고 결혼 생활 내내 지속될 가능성이 아주 높습니다.

하지만 이 여성은 차마 친정 식구들에게 말을 할 수가 없었습니다. 결국 그 폭력을 혼자 온전히 다 참다가 결혼한 지 16년이 지났을 때에야 겨우 이혼을 할 수 있었습니다. 그리고는 6개월 뒤에 암으로 세상을 떠났습니다.

자, 16년 전 한 여성과 데이트를 하면서 "나는 고아였고 버림받았지만 정말 행복한 가정을 이루고, 누구보다도 행복할 거야"라고 이야기했던 남성은 이혼을 하며 다시 한번 철저하게 고아가 되었습니다. 보웬과 험프리스의 이야기를 빌려 말한다면, 그 남성이 일부러 그런 것은 아닙니다. 자신도 모르게 무의식적으로 그 불행을 반복해서 이어갔던 것입니다.

불행한 가족 관계를 경험한 사람들은 자신도 모르게 성인이 되어서도 과거의 경험을 재연하려고 합니다. 그 시작은 대부분 자신의 발달을 가로막고 자신을 불행하게 만든, 그래서 자신에게 트라우마를 형성하게 만든 부모와 가장 닮은 사람과 결혼을 하는 것으로 시작합니다. 또는 마음대로 지배하고 통제하기 위해서 의존적인 사람과 결혼할 수도 있습니다. 그렇게 하여 가족 관계에서 겪은 고통을 다시 재연하고 반복할 수밖에 없는 환경을 자신도 모르게 만들게 되지요.

그러면 어떻게 해야 어린 시절 경험했던 불행이나 아픔으로부터 벗어나 과거와는 다른 행복한 삶을 살 수 있을까요? 자라온 가정 환경에서의 경험을 벗어나는 것이 악순환의 굴레를 벗어나는 것이죠. 그러기 위해 필요한 것이 있습니다. 첫 번째, 원가족*의 환경을 객관적으로 알아야 합니다. 내가 어떤 가정에서 성장했고, 그 가정 안에서 어떤 일이 벌어졌는지를 객관화시켜서 볼 수 있어야 합니다.

두 번째, 건강한 가족을 만드는 조건에는 무엇이 있는지를 알아

---

* 이 말은 어린 시절 성장한 가족을 의미합니다. 현재 가족과 분리되는 의미로 사용되죠. 현재 가족은 성인이 된 후 맺게 된 가족이거나 결혼을 통해 새롭게 형성된 가족을 가리킵니다.

야 해요. 행복한 결혼 생활과 원만한 관계는 의지만 갖고 되지 않습니다. 잘 살겠다는 목표만 갖고는 되지 않아요. 어떻게 하면 잘 살고 행복할 수 있는지를 알아야 하고 배워야 합니다.

애착, 대인관계의 시작

보웬은 메닝거Menninger 연구소에서 그의 중요한 이론의 토대를 세웠습니다. 그 과정에서 특히 어머니와 아들은 정서적으로 너무나 밀착되어 있고 서로 의존하며, 마치 공생 관계처럼 뒤엉켜 있는 애증 관계라는 걸 관찰하게 되었습니다. 이렇게 정서적으로 과도하게 뒤엉킨 관계는 분열을 비롯한 다양한 가족 갈등의 원인이 된다는 것도 발견하죠.

어머니와의 관계에서 두 가지 애착 유형이 만들어집니다. 안정 애착과 불안정 애착이죠. 보웬은 개인의 성격과 기질이 아니라 어머니와의 상호관계에서 만들어진 친밀감, 애착 유형이 대인관계의 기본적 틀을 만든다고 말했습니다. 그렇다면 이렇게 질문하시는 분도 있을 것 같아요.

"어떤 어머니가 안정 애착을 만들고, 어떤 어머니가 불안정 애착을 만들까요?"

보웬은 이렇게 설명합니다. 불안정 애착을 가진 어머니가 불안정 애착을 만든다고 말입니다.

여러분, 아동·유아기에 있는 아이들을 보면 그 아이의 친구들 중엔 옛날 부모 세대가 그랬던 것처럼 골목에서 뛰놀면서 맺어진 친구 같은 건 거의 없습니다. 그 아이들의 어머니끼리 먼저 교감이 이루어져야 해요. 결국 어머니가 다른 아이의 부모와 친해지면서 아이도 자연스럽게 친구 관계를 맺게 되죠.

예를 들어, 또래 집단 하나 형성하지 못하고, 생일날 초대 한 번 못 받은 아이가 있습니다. 이런 아이들은 그 아이가 대인관계를 잘 형성하지 못하는 경우도 있겠지만, 무엇보다 이 아이의 어머니가 원활하고 다양한 대인관계를 잘 형성하지 못하는 경우가 많습니다. 어머니의 대인관계가 좁으면 아이의 대인관계도 좁아지는 경우가 많습니다. 그 아이가 가진 대인관계의 틀은 결국 어머니가 어떤 대인관계를 형성하는가에 따라 달라질 수 있습니다.

보웬은 이후 미국 국립정신보건원으로 옮겨가면서 그의 이론을 한 단계 더 업그레이드시킵니다. 메닝거 연구소에서 관찰했던 모자 공생 관계 가설을 그 유명한 자아분화의 개념으로, 더 나아가서 삼각관계 개념으로 체계화시켰습니다.

나는 나와 어떤 관계를 맺고 있는가

이후 보웬은 미국 조지타운 대학으로 옮겨 교수 생활을 했습니다. 그는 그곳에서 정신분열증 환자의 가족들을 연구합니다. 그리고 정신분열증 환자를 만드는 가족에게는 독특한 패턴이 두 가지 있다는 것을 관찰하게 되었습니다. 그 중 하나가 '자아분화differentiation of self'입니다.

보웬은 자아분화의 높고 낮음에 따라 그 사람의 대인관계, 가족관계의 모든 형태가 달라질 수 있다고 말합니다. '분화'라는 개념 자체는 얼마나 분리가 되었는가를 설명한 개념인데요, 두 가지로 설명할 수가 있습니다.

첫 번째, 가족을 비롯한 주변 사람들로부터 얼마나 자신을 분리시킬 수 있는가 하는 것입니다. 예를 들어 어머니가 불안해하고 아버지가 화가 나 있는 경우, 힘들겠지만 가족들로부터 나를 지키고자 해야 한다는 거예요. 물론 가족이기에 당연히 영향을 아예 안 받을 수는 없지만, 최대한 이들로부터 정서적으로 거리를 얼마나 둘 수 있는지를 보는 것이죠.

두 번째, 지나치게 감정적으로 행동하지 않는 것입니다. 감정에 이끌려 말과 행동을 하지 않고 적절한 이성을 통해 스스로를 통제하는 사람이지요. 이런 사람은 건강한 자아의 힘을 가진 사람이라고도 할 수 있습니다.

보웬의 자아분화를 조금 더 설명하면, 우리에게는 관계를 움직이는 두 가지 힘이 있습니다. 하나는 연합성입니다. 그 사람과 연합하고 싶고, 네트워크를 형성하고 싶은 것이죠. 다른 하나는 개별성입니다. 그 사람과 가까이 붙는 게 너무 싫어요. 적당히 거리를 두고, 경계를 두고 싶어 합니다.

이 둘은 서로 딜레마입니다. 하나는 가까이 다가가고 싶고, 또 하나는 좀 거리를 두고 싶은 거죠. 그런데 우리는 이것들을 동시에 추구하는 거예요. 누군가와 친해질 때 두려운 것은 그 사람과 너무 가까워지는 것입니다. 반면 또 너무 떨어지는 것도 두려운 것이죠. 결국 서로 모순된 욕구 사이에서 균형을 맞출 수 있는 사람이 건강한 삶을 살아갈 수 있는데, 그 균형을 이루는 내면의 힘이 바로 보웬이 말한 자아분화인 것입니다.

그러면 자아분화는 어떻게 만들어지는 것일까요? 그 답은 부모에 있습니다. 자아분화가 높은 부모 밑에서 성장한 자녀는 자아분화가 그만큼 높습니다. 반면에 자아분화가 낮고 자존감이 낮은 부모 밑에서 성장한 자녀는 부모처럼 낮은 자아분화를 갖습니다. 즉 정서적 에너지와 삶의 모든 것들은 결국 스스로 만들고 개척하는 것이 아니라 부모와의 상호관계가 어떻게 형성되었는가를 한번 따져보아야 하는 것입니다.

자녀가 부모에게서 서서히 벗어나며 자기 목소리와 생각을 가진 한 성인으로 발달하는 과정에서 필요한 것이 독립성과 자율성입니다. 이때 주위의 정서적 압력에도 굴하지 않는, 독립적이고 융통성 있으면서 일관성 있는 자아를 '진아眞我'라고 하는데요. 자아분화가 잘 이루어지지 못한 사람은 진아를 형성하지 못합니다. 그 대신 '거 짓자아'를 형성하게 됩니다. 거짓자아란 타인의 정서적 압력에 의 해 쉽게 변하는 자아를 말합니다.

예를 들어, 어머니에게 칭찬받고 싶고, 혼나고 싶지 않은 마음에 내가 가진 욕구를 억압합니다. 그리고 어머니가 원하는, 오직 주변 사람들이 원하는 모습만을 연출할 가능성이 높아지는 것입니다. 그 래서 보웬은 거짓자아를 형성한 이런 사람은 독립성과 융통성을 상 실하게 된다고 말합니다.

분화란 감정을 이성적 체계 위에서 얼마나 잘 통제하고 조정할 수 있는가를 설명한다고 했죠? 여기서 분화가 높은 사람과 낮은 사 람의 가장 기본적인 차이는 바로 불안에 대한 대응 능력입니다. 즉 자아분화가 높다는 건 그만큼 자기 내면의 부정적인 감정들을 잘 통제하고 지배할 수 있다는 걸 의미합니다.

자아분화가 잘 형성되지 않은 사람들은 대부분 감정적으로 반응 합니다. 감정 반사적이에요. 문제에 직면해서 그것을 심사숙고하고 상대방의 입장에서 한 번 더 생각해보기보다는 바로 충동적으로 반 응합니다. 그러다 보니 언제나 실수를 저지르고, 충분히 대화로 끝날 수 있는 일이 잘못된 행동으로까지 이어지고, 더 심한 문제를 야기 할 수 있습니다. 그리고 그럴수록 더 불안을 느끼고 더 충동적이고 예측이 어려운 사람이 될 수 있습니다.

우리는 늘 다른 사람과 관계를 형성하면서 살아갈 수밖에 없는 사회적 존재입니다. 그런데 타인과 관계를 맺을 때 좋은 출발은 내가 나와의 관계를 살펴보는 것입니다. 자기 자신과의 관계도 제대로 형성되지 못한 사람이 타인과 훌륭한 대인관계를 형성하기는 굉장히 어렵습니다. 대인관계가 원만하다고 해도 늘 눈치를 보고 쭈뼛대거나 자신이 맺은 관계임에도 자기 자신이 없는 그런 관계를 형성하고 있다고 할 수 있겠죠.

25점 사람과 70점 사람

대인관계 능력은 어떤 기술이 아니라 자기 자신과 어떤 관계를 맺고 있는가와 연결됩니다. 자기 자신과 건강한 관계를 맺고 있다면 타인과의 관계도 자연스레 잘 맺을 수 있지만, 자기 자신과 관계를 잘 맺지 못하고, 자신을 늘 낮게 보는 열등감과 낮은 가치감을 갖고 있다면 역시 타인과의 관계에서도 어려움을 갖습니다. 스스로 자기 자신을 무시하는데 어떻게 다른 사람에게 존중받을 수 있을까요? 자신이 스스로를 어떻게 보는가는 타인이 나를 어떻게 볼 것인가 또한 결정합니다.

보웬은 이렇게 자기 자신과의 관계성을 나타내는 자아분화 치수를 0에서 100까지 설정했습니다. 자아분화가 낮은 점수로 한번 예를 들어볼게요.

자아분화 치수가 낮다고 볼 수 있는 25점인 사람입니다. 이 사람은 다른 사람에게 자기 생각을 말하는 것을 어려워하고 이성보다도 감정에 따라 결정합니다. 대단히 욱하다가도 또 갑자기 위축되죠. 그리고 누군가 무슨 말을 했을 때 그 말에 대해 즉각적으로 반응해버리고 후회합니다. 또한 자신에 대한 어떤 신념이라든가 확신도 거의 찾아보기 어렵습니다. 자기 자신이 없기 때문에 너무 눈치를 보거나 자기 소리를 낼 수가 없죠. 이러다 보니 당연히 일상생활이 너무 어렵습니다. 그중에서도 이런 사람들이 가장 힘들어하는 것이 대인관계예요. 타인과 친밀한 관계를 유지하는 게 가장 힘듭니다.

이번에는 50점인 사람입니다. 50점은 자아분화가 중간 정도 되는 상태입니다. 그렇지만 역시 감정체계에 의해서 살기는 합니다. 다른 사람의 인정과 사랑을 구하고, 자신에 대한 확신과 믿음도 여전히 부족합니다. 그러나 이성체계와의 융합이 생기는 상태이기도 합니다. 25점보다는 확실히 낫지만 50점 역시 대인관계와 가족 관계 안에서 어려움을 겪고 있습니다.

이번에는 70점인 사람입니다. 70점은 자아분화가 높은 사람이라고 설명할 수 있습니다. 그래서 이런 분들은 타인과의 관계에서 자신이 융합되지 않고도 밀접한 관계를 유지합니다. 즉 정서적으로 지나치게 의존하거나 매몰되지 않으면서도 일정하게 친밀한 관계를 유지할 수 있는 그런 상태입니다. 그리고 스트레스가 발생하거나 불안감을 심하게 느끼게 되어도 그 불안감에 지배되지 않고 그것을 객관화시킬 수 있는 사고가 충분히 발달되어 있습니다. 자율적이고 독립적으로 의사결정을 할 만큼 잘 발달되어 있는 그런 정서 상태를 가지고 있습니다.

이처럼 똑같은 상황이라도 내가 어떤 자아분화 정도를 갖고 있는지에 따라서 반응 정도와 그로 인한 결과가 달라질 수 있습니다. 불안이 엄습했을 때 25점인 사람은 그 불안에 쉽게 노출되어서 충동적으로 행동할 가능성이 높습니다. 25점인 사람만큼 충동적이지는 않지만, 50점인 사람도 역시 그 불안을 감당하기에는 자신의 내면 상태가 너무나 약합니다.

반면에 70점 이상의 자아분화를 가진 사람은 똑같이 불안을 느끼고 불쾌하고 두렵지만, 그 불안에 휩쓸리지 않고 건강한 소통과 관계 방식으로 충분히 불안을 극복할 수 있는 내면의 자원이 있습니다.

바로 이 부분에서 보웬은 우리가 대인관계에서 겪게 되는 많은 갈등과 문제에서 '저 사람이 나에게 그런 말을 했고, 그런 식으로 행동했고, 이런 환경이 주어졌기 때문에 나는 이렇게 할 수밖에 없어'라고 생각하는 것에 대해서 의문을 제기하게 합니다. 다시 말해 비록 환경이 그렇다 할지라도 내가 상대방이 한 말을 어떻게 받아들이고, 그 문제와 갈등에 대해 감정적으로 반응하지 않으며 얼마나 이성적으로 행동하는가에 따라서 전혀 다른 결과를 만들어낼 수가 있다는 것입니다.

현대 사회에서 가장 큰 고통은 불안일 것입니다. 우리가 두려워하고 있는 어떤 일은 막상 터졌을 때 예상했던 것보다 덜 힘들 수도 있습니다. 더는 불안하지 않거든요. 터질 게 터졌으니까요. 그렇지만 정말 우리를 괴롭히는 것은 늘 막연하고 실체가 없게 느껴지는 불안이죠. 그런데 그 불안감은 어떻게 대응하느냐에 따라 달라질 수 있습니다. 그리고 이 모든 것들을 좌우할 수 있는 것이 바로 보웬이 말한 자아분화라는 것이죠.

그런데 앞서 이 자아분화는 부모와의 상호관계에서 만들어진다고 말씀드렸습니다. 그러면 이런 질문을 하는 분도 충분히 계실 것 같습니다.

"부모의 자아분화도 낮은 것 같고요, 저도 낮습니다. 그러면 저는 어떻게 해야 하나요?"

이 부분에서 보웬은 이렇게 말합니다. 언제든 악순환의 고리를 끊을 수 있다는 거예요. 부모의 자아분화가 낮고, 그래서 나 역시 자아분화가 낮아요. 하지만 그로 인한 악순환의 고리를 또 다른 세대에서 반복하는 것이 아니라 이것을 좀 더 객관화시킬 수 있도록 도움을 받는다면 우리는 이 악순환을 끊을 수 있고, 부모 세대보다도 훨씬 건강하고 행복하게 살아갈 수 있습니다.

여러분, 자아분화를 너무 어렵게 이해할 필요는 없습니다. 일종의 자존감과 같은 것이라고 이해하시면 됩니다. 보웬이 말하는 대로 우리는 충분히 자아분화를 업그레이드할 수 있는 방법을 가지고 있습니다. 변할 수 있다는 것, 이것이 보웬의 자아분화가 우리에게 주는 지혜라고 할 수 있습니다.

4강

따뜻한 말과 친절한 미소의 비밀

삼각관계

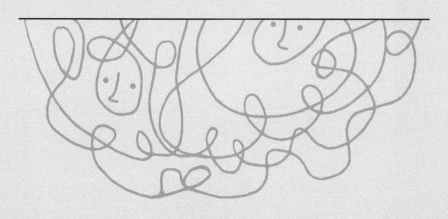

자아분화가 낮은 사람은 갈등이 발생할 때

삼각관계를 통해 해결하려고 한다.

관계 내 삼각관계는 2인 관계에서 갈등을 해결하는

무의식적인 방식으로 발생하며, 자아분화가 낮을수록

발생할 확률이 높다.

대표적으로 불행한 관계를 만드는 삼각관계가

어떻게 작동되는지와 그 종류를 알아보자.

세계적인 작가 알랭 드 보통Alain de Botton이 쓴 책 중에 『공항에서 일주일을』이라는 책이 있습니다. 그 책에 이런 내용이 나옵니다.

공항에는 수많은 직원이 일하지만, 모두가 친절한 것은 아닙니다. 길을 잃은 승객에게 아무 조건 없이 따뜻한 말 한마디를 건네고 친절한 미소를 지을 수 있는 직원은 동기 강화 훈련이나 연봉 인상만으로 만들어지지 않는다는 것이죠. 알랭 드 보통은 직원의 친절하고 따뜻한 미소가 가족에서 시작된다고 말합니다. 가족이라는 울타리에서 친절함과 관대함을 경험해본 사람이 미래의 자기 가족이나 주변 사람들에게 무조건적으로 나누고 베풀 수 있다는 것이죠.

알랭 드 보통의 이런 예리한 시선은 보웬의 이론과 연결되어 있습니다. 관계의 능력을 결정하는 자아분화는 혼자만의 능력으로 만들어지지 않는다는 것이죠. 그럼 이제 자아분화를 정리해보고, 자아분화와 연결된 삼각관계를 살펴보면서 보웬의 이론을 다시 한번 이해해보는 시간을 갖도록 하겠습니다.

우리는 익숙함에 끌린다

수년 전 보웬의 이론을 강의한 적이 있습니다. 부부는 자아분화 치수가 서로 비슷하다는 설명을 하는 순간 한 여성이 손을 번쩍 들더니 제 강의를 가로막았습니다.

"교수님, 그건 말도 안 되는 겁니다. 어떻게 남편과 아내의 자아분화가 같을 수 있습니까? 그러면 집에 있는 그 인간하고 제가 똑같다는 거 아니에요?"

강의 중간에 일어난 소동에 저는 순간 당황했습니다. 그러면서 동시에 '자신이 남편과 다르다는 것을 증명하기 위해서 강의를 가로막는 정도라면 남편과 크게 다르지 않겠다'라는 생각을 했습니다. 분명 예외도 있고 정도의 차이도 있습니다. 그러나 대부분은 부부가 서로 비슷한 자아분화를 공유합니다. 그리고 여기에서 가족의 갈등과 비극이 시작됩니다.

프로이트는 사랑을 '나르시시즘narcissism'이라고 표현했습니다. 프로이트에 의하면 내가 한 사람을 사랑하는 건 그 사람을 온전히 사랑하는 게 아닙니다. 그 사람 속에 있는 나를 사랑하는 것입니다. 여러분이 연애를 하거나 누군가에게 호감을 느낄 때 보면 나와 전혀 다른 사람에게 호감을 느끼는 경우는 많지 않습니다. 오히려 그 사람에게서 익숙함을 발견하면 이상하게 그게 편합니다. 이것은 그 사람이 지낸 가정 환경과도 연결됩니다.

미소와 유머, 관대함이 있는 가정에서 자란 사람은 그런 분위기를 연출하는 이성에게 끌릴 가능성이 높습니다. 하지만 끝없이 갈등하며 서로에 대한 분노와 애증으로 하루하루를 보내는 가정에서 자란 사람 또한 그런 감정을 유발하는 이성에게 마음이 끌립니다. 그토록 싫었던 아버지, 그토록 벗어나고 싶었던 어머니 같은 사람을 배우자로 선택하게 됩니다.

보웬에 의하면 이런 딜레마는 부부 모두에게 나타납니다. 보웬이 말한 자아분화라는 개념은 개인적인 능력이 아니라 내가 속한 가족 전체와 연결되기 때문입니다. 그래서 자아분화가 비슷한 사람끼리 만나서 결혼을 하게 될 가능성이 높은 것입니다. 물론, 정도의 차이는 있겠지만 부부가 서로 비슷한 자아분화를 가질 가능성은 대단히 높습니다.

남편과 아내는 가족이라는 집의 건축가입니다. 두 사람이 어떻게 건축하느냐에 따라서 집의 모양은 바뀝니다. 건축의 출발은 바로 설계이지 않습니까? 건축하기 전에 반드시 설계도를 그려야 하죠. 아내와 남편은 그 설계도의 핵심이라고 할 수 있습니다.

그래서 보웬은 낮은 자아분화를 가진 두 부부가 만나면 이후 부부의 자녀나 부부가 꾸리는 가족에도 어느 정도 일정한 패턴이 작동할 수밖에 없다고 이야기합니다. 부부의 자아분화가 결국 가족 관계 모든 것에 영향을 미치게 되는 것이죠.

그러다 보니 낮은 자아분화를 가진 부모 밑에서 성장한 자녀는 결과적으로 부모처럼 낮은 자아분화를 가질 수 있습니다. 이것이 세대 전수의 개념입니다. 정리하자면 이런 역기능을 가진 가족은 그 문제와 갈등을 이미 이전 세대에서 전수받았다는 것이죠.

연락이 3초라도 늦으면 불안한 사람

자, 그러면 자아분화가 구체적으로 가족, 나아가 대인관계에 어떤 영향을 미치는지 한번 살펴봅시다.

가장 많이 나타나는 현상은 집착과 소유욕입니다. 서로에게 집착하고 서로를 소유하려고 하죠. 그러다 보니 서로를 옥죄고 조금이라도 자기 통제에서 벗어나려고 하면 견디질 못합니다.

예를 들어 상대방에게 문자를 보냈습니다. 그런데 반응시간이 3초 늦었습니다. 그러면 순간 불안해지는 거예요. 무슨 일이 있는지, 어디에 있는지, 오만 가지 생각으로 혼란과 걱정을 반복하면서 문자 폭탄을 날리게 됩니다. 과연 그것을 상대방이 사랑으로 받아들일 수 있을까요? 그저 집착이고 소유욕일 뿐이죠.

부부 관계에서는 어떨까요? 부부 관계 안에는 이른바 '샅바 싸움'이라는 것이 존재합니다. 그런데 이것이 기 싸움으로 번지게 되면 끝없이 별것도 아닌데 다투고 토라지고, 또다시 싸우면서 감정적인 대립이 일어납니다. 사실 그 밑바닥엔 상대방을 제압하려고 하는 시도가 있는 것입니다. 저는 이렇게 상대방을 제압하고 통제하려 하다가 오히려 더 많은 갈등에 노출되는 모습을 많이 보았습니다.

여러분, 상대를 제압하려고 하면 상대방 역시 공격적인 행동이나 지나치게 수동적인 행동으로 반응합니다. 상대방의 비난에 대해서 큰 과민반응을 보이죠. 자아분화가 높은 사람들은 다른 사람으로 인해 짜증이 나거나 마음이 불편할 때 인내하고 감내합니다. 그러나 자아분화가 낮은 사람들은 즉각적이고 과도하게 반응해서 걸핏하면 신경질을 부립니다. 그리고 항상 상대방을 이겨야 하기 때문에 사과해야 할 때 사과하지 않습니다. 이러니 당연히 갈등이 증폭될 수밖에 없죠. 혹은 상대방에게 지나치게 간섭하거나 상대방의 의도를 자꾸 확인하려 합니다. 이것도 상대방을 통제하기 위한 방법 중 하나죠.

또 다른 특징이 질투인데요. 사랑의 반대가 질투라고들 하지만 질투는 관계 안에서 끊임없이 갈등과 긴장을 만듭니다. 질투라는 감정은 현실을 직시하지 못하게 해서 편집증적이고 강박적인 불안과 두려움, 갈등을 야기하거든요.

주기적으로 한바탕 울부짖으며 소란을 피우기도 합니다. 무엇 하나 건수를 잡아서 결국엔 상대방에게 사과를 받아내거나 전전긍긍하게 만들죠. 이렇게 해서 자신의 존재감을 보이고자 하는 목적도 있습니다. 술이나 약물, 게임, 성욕에 의존하여 중독되거나 사람들과 잘 어울리지 않습니다. 그래서 상대방의 친밀한 관계들 역시 폐쇄적으로 만들고 그 관계를 제한합니다.

이뿐 아니라 상대방을 끊임없이 험담하고 비난하고, 나중엔 죽어버리겠다고 협박하는 경우도 있습니다. 실제로 자살을 시도하는 경우도 있습니다. 제 주변에서도 한 남성이 사랑하던 여성과 결혼하지 못하면 죽어버리겠다고 몇 번이나 자살 시도를 해서 여성이 사람 한 명 살리는 셈치고 결혼을 결심한 경우가 있었습니다. 하지만 예상했던 대로 결혼 생활은 너무나 참담했습니다. 그 남성은 자아분화도 낮고, 자존감도 낮고, 열등감도 많아서 그저 자신의 감정을 그렇게 극단적으로 표현할 수밖에 없는 사람이었던 거예요. 그러니 당연히 소통도 안 되고 관계도 어려운, 정말 말할 수 없이 힘든 결혼 생활을 하는 것을 옆에서 지켜보았습니다.

지금까지 집착, 소유욕, 질투, 협박 등 자아분화가 낮은 사람들의 다양한 특징들을 살펴보았는데요. 사실 이 중에서도 제일 심각한 것이 바로 상대방을 경멸하는 태도입니다.

세계적인 부부상담사인 존 가트만John Gottman은 부부가 이혼으로 가는 지름길이 상대방을 경멸하는 태도라고 했습니다. 그래서 가트만은 부부가 상대방을 경멸하는 태도를 통해 앞으로 10년 후 이혼할지, 안 할지를 측정해보았는데, 그 적중률이 90퍼센트가 넘었다고 합니다. 경멸하는 태도 또한 자아분화가 낮은 부부들의 전형적인 소통 방식입니다.

자, 이렇게 자아분화가 낮은 사람들이 구체적으로 일상 속에서 어떻게 갈등과 긴장을 이어가는지 알아보았습니다. 이 모든 행동의 바탕은 결국 낮은 자아분화라는 것을 기억해야 합니다.

불행한 관계의 이유

보웬의 자아분화는 특히 불행한 결혼 생활을 하는 사람들과 대인관계 안에서 어려움을 갖는 사람들에게 좀 더 도움이 됩니다. 불행한 결혼 생활과 가족 관계, 힘든 대인관계가 단순히 개인의 성격과 기질에서 비롯된 것이 아니라는 것을 보여주는 것이죠. 동시에 오늘을 사는 우리의 책임감을 좀 더 자각하게 합니다. 소중한 자녀와 그 자녀의 자녀, 그리고 얼굴도 이름도 모르는 먼 훗날 후손들의 삶도 나의 자아분화 정도와 자존감에 영향을 받거든요.

보웬은 불행한 결혼 생활과 대인관계의 어려움에 일정한 패턴이 있다고 말했습니다. 프로이트가 말한 반복 강박이 여기에도 적용됩니다. 가족과 대인관계 안에서 개인 인생사뿐만 아니라 세대 간의 반복이 있다는 것으로 재확장한 것이죠. 중독자 부모를 둔 자녀가 중독자가 되는 경우가 많고, 가정 폭력에 시달리던 자녀가 훗날 가정 폭력을 행사할 가능성이 정상인의 두 배 이상인 것처럼 말이죠. 그렇다면 왜 고통스러웠던 경험을 반복하는 걸까요? 고통스러운 관계를 반복함으로써 어린 시절에 풀지 못한 문제를 어른이 되어 풀고자 하는 무의식이 작동하기 때문입니다.

그러면 이런 질문을 하고 싶은 분이 있을 거예요.

"아버지가 알코올 중독자에 가정 폭력 가해자였고, 거기다가 외도까지 해서 어머니와 이혼을 했어요. 그런 가정에서 살았으면 저도 그렇게 될 가능성이 높은 건가요?"

보웬은 냉정하게 이야기합니다. 가능성이 높다고요. 그 현실을 거부할 수는 없습니다. 단, 그렇지 않을 가능성도 있다는 것입니다. 가족의 현실을 객관적으로 통찰하고 직시하면서 분리할 수 있는 부분을 찾아낸다면, 이전 세대 부모가 걸었던 그 길을 그대로 걷지 않을 수 있습니다.

세 사람이 되면 관계가 복잡해진다

자아분화가 낮은 사람들은 갈등이 발생하면 이것을 해결하기 위해 '삼각관계'를 사용합니다. 이 삼각관계를 너무 어렵게 이해할 필요는 없습니다. 우리가 흔히 영화나 드라마에서 볼 수 있는 것처럼 삼각관계는 갈등과 긴장이 발생할 때 무의식적으로 그 갈등과 긴장을 해결하기 위해 사용하는 장치입니다.

여기 세 친구 A, B, C가 있습니다. 그런데 A와 B 사이에 갈등이 생겼습니다. 그 갈등을 해결하는 가장 건강한 방식은 서로 오해를 풀고 대화를 하는 것이죠. 하지만 그것이 쉽지는 않습니다. 그래서 바로 건강한 자아가 필요합니다. 하지만 이때 A와 B가 건강한 자아를 갖지 못했다고 가정한다면 가장 쉬운 해결 방법이 무엇일까요? C를 끌어들이는 거죠. A는 C를 끌어들여서 삼각관계를 형성합니다.

세 명이 항상 점심을 함께 먹었는데, B를 왕따시키고 A와 C가 친하게 점심을 먹는 모습을 연출하는 거예요. 그렇게 되면서 C가 A와 B의 갈등에 휘말리게 됩니다. C는 A가 잘해주니까 같이 밥을 먹은 것뿐인데 본인도 모르게 이 두 사람의 갈등에 휘말린 것이죠. B는 어떨까요? A뿐 아니라 C도 좋아할 수가 없습니다. 그래서 C를 오해하게 되고, 미워하게 됩니다.

이렇게 두 사람의 갈등을 둘이서 해결하지 않고 제3자를 끌어들여 갈등의 우위를 선점하려고 하는 경우가 있습니다. 때로는 그 사람을 동맹 관계로 끌어들일 수도 있고, 화해의 메신저, 즉 중재자로 끌어들일 수도 있습니다. 이런 형태를 삼각관계라고 합니다. 그런데 보웬은 이 삼각관계의 기본 패턴을 가족에서도 볼 수가 있다고 말합니다. 자아분화가 낮은 부부 또는 가족일수록 이 삼각관계를 더 많이 활용하면서 갈등을 지속적으로 이어간다는 것입니다.

열네 살 청소년을 상담한 적이 있습니다. 이 아이가 상담실에 온 이유는 아버지와 심하게 갈등하고 있기 때문이었는데요, 어느 날 평소보다도 더 많이 술에 취해서 귀가한 아버지와 이에 화가 난 어머니 사이에 몸싸움이 일어났습니다. 순간 아이는 어머니를 보호하고자 술에 잔뜩 취해 있는 아버지를 밀쳐낸 거예요.

이 이야기를 잘 살펴보면 아이는 전형적인 부부 갈등의 삼각관계 안에서 희생양scapegoat이 되었다고 할 수 있습니다. 어머니는 아이에게 늘 이렇게 말했다고 합니다.

"너 아니면 아빠와 이혼했다. 너 때문에 산다."

그래서 아이는 늘 어머니에 대한 죄책감을 느끼게 되었고, 아버지에 대한 적개심을 갖게 되었던 것이죠.

어머니에게 아버지는 좋은 남편이 아니었습니다. 그렇지만 아이에게 아버지는 말 그대로 아버지입니다. 어머니가 바라보는 시각과 아이가 바라보는 시각은 분명히 다른데, 아이는 누구의 시각을 통해서만 아버지를 본 것일까요? 맞습니다. 오직 어머니의 시각으로만 아버지를 보았던 것입니다. 이것이 일종의 동맹 관계인 삼각관계입니다. 아이는 이러한 삼각관계로 인해 가족 안에서 어려움에 봉착하게 되었습니다. 물론 삼각관계 모두가 이렇게 눈에 띌 정도로 비극적이지는 않습니다. 그러나 일단 삼각관계가 발생하면 가족 전체가 고통을 받게 됩니다.

관계가 위태롭다는 증거

이런 말이 있습니다. '2인 관계까지는 행복하나 3인 관계가 되면 복잡하다.' 두 사람 사이에 긴장과 갈등이 생길 때 제3자를 끌어들이면서 형성되는 것이 삼각관계입니다. 쉽게 말해서 삼각관계가 있다는 것은 두 사람의 관계가 위태롭다는 것입니다. 긴장과 갈등이 내포되어 있다는 것을 전제하는 것이죠.

삼각관계의 대표적인 형태가 부모 사이에 있는 자녀와의 관계라고 할 수 있습니다. 부모의 부부 관계가 불완전할 때 스트레스 요인이 생기면 부모와 자녀 사이에 삼각관계가 형성됩니다.

예를 들어, 부부 관계가 안 좋은데 여기에 남편하고 똑같이 생긴 딸이 있습니다. 순간 아내는 자신도 모르게 남편에게 쏟아야 할 잔소리를 딸에게 퍼붓게 됩니다. 딸은 남편만큼 강하지 않잖아요. 그래서 어느 정도 부부의 갈등이 완화되는 측면이 있습니다. 하지만 딸은 어떨까요? 딸은 여기서 얻는 이점이 하나도 없습니다. 자기도 모르게 부부 갈등에 휘말려서 희생양이 되었을 뿐입니다.

만약 딸이 외국으로 간다든지 해서 희생양 역할을 하지 않게 된다고 해도 삼각관계가 해체된 것은 아닙니다. 희생양은 다른 형제로 대체됩니다. 삼각관계를 이루었던 대상이 바뀔 수는 있어도 그 형태는 지속적으로 이어질 가능성이 높습니다. 근본적 원인인 부부 갈등이 해결되지 않았기 때문입니다. 그래서 삼각관계가 있다는 것만으로도 가족이 역기능적 상태에 놓여 있다고 추정할 수 있습니다.

삼각관계를 형성하는 건 어렵지 않습니다. 어머니가 자녀에게 "아버지 때문에 못 살겠다, 너 아니면 이혼했다"는 말을 몇 마디 하는 것만으로도 충분합니다. 부모는 자녀보다 강합니다. 그러나 자녀는 부모의 도움과 사랑이 필요하죠. 그래서 자신도 모르게 부부의 갈등에 휘말려서 누군가를 지나치게 미워하거나 적개심을 갖게 됩니다. 또는 누군가에게 지나치게 동조하고 죄책감을 형성하면서 정서적인 독립과 분리가 어려워지죠. 그러니까 삼각관계가 형성되었다는 건 한쪽 부모의 감정에 지나치게 공감하고, 나머지 한쪽 부모에 대해서 지나치게 서운함을 느끼게 된다는 것을 의미합니다.

삼각관계의 또 다른 유형들

지금까지의 설명에서 삼각관계의 대표적인 대상은 자녀였습니다. 하지만 최근에는 더 복잡한 삼각관계가 많아지고 있습니다.

대표적인 관계로 시어머니가 있습니다. 아들과 시어머니가 서로 밀착되어 있고 그 둘이 아내(며느리)를 밀어냅니다. 겉으로는 단순한 고부 갈등인 것처럼 보이지만 그 속에는 삼각관계가 있습니다.

사람이 아닌 어떤 대상도 삼각관계에 들어올 수 있습니다. 그 예로 일도 삼각관계가 될 수 있습니다. 부부가 전혀 소통이 안 되고 관계도 돈독하지 않은데, 일을 통해서만 서로 관계를 형성하는 것이죠. 일 대신 TV나 술이 될 수도 있습니다. 이처럼 다양한 대상으로 삼각관계를 형성할 수 있습니다.

또 다른 대표적인 삼각관계가 바로 불륜입니다. 부부 간에 소통이 안 되고 친밀감도 형성되지 않았습니다. 그런데 이때 남편이 밖에서 불륜을 저지릅니다. 그러면 아내에게 죄책감과 미안함을 느끼게 되죠. 그래서 불륜을 저지르고 나서는 집에 와서 평소보다 더 아내에게 친절하고 관대하며 따뜻하게 대해줍니다. 그러다 보니 표면적으로는 부부 간에 있었던 긴장과 갈등이 완화되는 거죠.

분명히 불륜은 가족의 해체에 중요한 원인으로 작용하겠지만, 어떻게 보면 그 불륜으로 삼각관계를 형성하는 셈입니다. 이럴 경우 물론 불륜이라는 삼각관계로 가족 관계를 유지할 수는 있지만, 정말 말 그대로 한 방에 훅 갈 수 있는 요소를 내포하고 있죠.

지금까지 우리가 살펴본 보웬의 이론이 어떤가요? 앞서 알랭 드 보통은 그의 책을 통해 다른 사람들에게 관대하고, 친절하고, 따뜻한 미소를 보낼 수 있는 사람은 높은 연봉과 좋은 처우만으로 만들어지지 않는다고 이야기했습니다. 성장했던 가정 환경, 어린 시절 부모와의 상호관계 등과 연결된다는 것이죠. 결국 가족 안에서 어떤 경험을 했느냐에 따라서 인생의 많은 방향이 바뀝니다. 특히 친밀한 관계를 맺어야 할 때, 그때의 경험은 우리에게 더 많은 영향을 줄 수 있습니다.

좀 더 미소 지어줄 수 있고, 상대방의 짜증에도 즉각적으로 대응하기보다는 참고 이해하려고 하고, 그것을 유머로 돌려줄 수 있는 사람은 단순하게 성격이 좋은 것이 아닙니다. 보웬에 의하면 그런 사람이 나오기 위해서는 수 세대가 걸립니다. 그래서 우리는 가족이라는 눈을 통해서 스스로를 돌아보아야 합니다.

5강

나는 나를 얼마나 사랑하는가

자존감

사티어는 정신분석의 개념인 자아분화와
유사한 자존감의 문제가 관계 문제의 핵심이라고 설명한다.
자존감이 낮은 사람은 역기능적 의사소통을 형성하며,
갈등을 더욱 증폭시킨다. 사티어는 자존감의 회복이
의사소통 방식의 변화를 일으키고 이러한 변화가
갈등을 줄이며 자존감의 상승으로 이어진다고 말한다.
사티어의 이론을 통해 관계심리학에서
소통과 자존감이 어떻게 연결되어 있는지를 알아본다.

인본주의 심리학의 대표주자가 누굴까요? 칼 로저스Carl Rogers입니다. 또 다른 인본주의 심리학자로 게슈탈트 테라피의 창시자, 프리츠 펄스Fritz Perls가 있습니다. 그리고 사이코드라마의 창시자, 제이콥 모레노Jacob Moreno도 있습니다.

인본주의 심리학의 핵심 주제는 '성장'입니다. 프로이트의 정신분석과는 차이가 있습니다. 정신분석은 결정론적이고, 인간 스스로 문제를 해결할 수 있는 자원이 있다는 전제에 대해서 부정적입니다. 반면에 칼 로저스를 비롯한 인본주의 심리학은 인간이 가진 무한한 창조성과 자원을 긍정적으로 받아들이고 존중합니다. 오늘 살펴볼 버지니아 사티어Virginia Satir도 인본주의 심리학의 영향을 받아서 성장을 중요한 전제로 받아들입니다. 그래서 사티어의 이론을

'성장 중심 테라피'라고도 부릅니다.

인본주의 심리학의 핵심은 증상을 제거하는 것이 아니라 관계의 어려움을 갖는 사람을 성장시키는 겁니다. 그 사람이 성장하면 그를 둘러싸고 있었던 문제와 갈등이 해결될 수 있다고 보는 것이죠. 그래서 사티어의 이론에서 가장 중요한 개념이 바로 자존감입니다.

변화시켜야 하는 것

사티어가 핵심 개념으로 삼았던 것은 미국 심리학의 아버지, 윌리엄 제임스William James가 제시한 '자존감self-esteem'입니다. 사티어는 관계의 문제로부터 벗어나서 그 갈등을 해결할 수 있으려면 자존감을 변화시켜야 한다고 보았습니다. 그런데 우리는 이미 자존감의 개념을 배웠습니다. 바로 보웬의 자아분화가 자존감과 유사한 의미를 가진 용어거든요.

사티어는 다른 상담사들과 몇 가지 차이점이 있는데요, 보통의 상담사들은 정신과 전문의였는데 반해 사티어는 독특하게도 사회복지사였습니다. 또 프로이트에서부터 시작해서 우리가 지난번에 살펴봤던 보웬도 그렇고, 그 당시 상담사들이 남성이었던 것에 반해 사티어는 여성입니다. 여성은 남성에게 없는 능력이 있는데, 바로 공감 능력입니다. 사티어의 이론이 다른 관계심리학 이론과 가장 큰 차이점은 바로 공감 능력을 필요로 하는 의사소통을 다루고 있다는 것입니다.

사티어의 이론에서 중요한 자존감과 의사소통의 관계에 대해서 설명하기 전에 알랭 드 보통이 쓴 『우리는 사랑일까』라는 책을 여러분에게 소개하고자 합니다. 평범한 연애소설이라고 할 수 있는 이 책에서 우리는 사티어의 이론을 발견할 수 있습니다.

에릭인가, 필립인가

외롭게 성장한 여성들에게 나타나는 특징은 사랑받고자 하는 욕구가 그 어떤 것보다도 크다는 것입니다. '나는 나를 사랑해'가 부족했기 때문에 그만큼 '당신을 사랑해'란 말이 절실한 것이죠. 자신을 사랑하고 가치 있게 여기면 굳이 다른 사람들에게 '너를 사랑해, 넌 괜찮은 사람이야'라는 말을 듣지 않더라도 충분히 힘 있게 살 수 있습니다. 그런데 '나는 나를 사랑할 수가 없어. 나는 별 볼 일 없어'라고 생각하는 사람들은 그 균형을 맞추기 위해서 누군가의 사랑과 지지에 지나치게 목을 맨다는 거예요. 바로 이 부분이 『우리는 사랑일까』의 서두입니다.

이 책의 주인공 앨리스는 굉장히 외롭게 성장한 여성입니다. 앨리스의 어머니는 경제적으로 무능해진 아버지를 버리고, 고급 저택을 가진 부자 미국인과 결혼해서 가족을 떠나죠. 그래서 아이들을 키울 수 없게 되자 앨리스를 비롯한 자녀들을 기숙학원에 보냈습니다. 집도 없이 여기저기 전전해야 했던 앨리스의 어린 시절은 너무나 외로웠습니다.

앨리스는 어린 시절 부모에게 "너를 사랑한다, 너는 정말 예쁜 아이야"라는 말을 들어본 적이 없었습니다. 너무 외롭게 자랐기 때문에 "나는 나를 사랑해"라고도 말할 수가 없었습니다. 우리가 연애할 때나 대인관계를 맺을 때 자신을 사랑하는 것이 가장 중요합니다. 그런데 사랑의 결핍을 가진 사람들은 자존감이 손상되어 있고 그로 인해서 아주 오랫동안, 어쩌면 평생 고통받게 되는 거예요.

혹시 해바라기 씨를 본 적 있나요? 해바라기는 꽃에 비하면 씨가 참 작은 편입니다. 그런데 그 작은 씨앗을 땅에 심었을 때 몇 개월 후 자기 몸집의 수십 배, 아니 그 이상의 거대한 꽃으로 성장하는 걸 볼 수 있습니다. 자존감은 인생의 해바라기 씨와 같다고 말할 수 있습니다. 멋있고 모두가 부러워하는 겉모습은 내면 깊은 곳의 작은 씨앗, 자존감에서 시작된다는 것입니다. 사티어는 그 자존감이 인격은 물론 삶의 모든 부분에 결정적인 영향을 미칠 수 있다고 이야기합니다. 바로 이 이야기를 알랭 드 보통은 소설에서 아주 재미있게 표현하고 있습니다.

앨리스가 처음으로 사랑한 남자, 에릭은 은행원으로서 열심히 일해서 많은 부를 축적했고, 개인 사업도 하면서 막대한 돈을 벌었습니다. 게다가 그의 외모는 옆에 있는 것만으로도 많은 사람의 부러움과 질투의 대상이 될 정도로 준수하죠.

그러나 모든 이들이 부러워하는 에릭은 사실 암울한 어린 시절을 보냈습니다. 그의 아버지는 변호사였지만 강제 퇴직을 당하고, 실직 당한 것에 대한 분노를 술을 마시면서 어머니에게 풀었습니다. 매일 밤 술을 마시고 어머니를 폭행했고, 어머니는 가정을 지키기 위해 이 사실을 자녀들에게 숨겼습니다. 자녀들은 사실 어머니의 고통을 알고 있었습니다. 아버지의 가정 폭력을 아이들이 몰랐으면 하는 어머니의 마음 때문에 아는 척하지 않았을 뿐입니다. 이 어두운 과거 가 바로 에릭의 어린 시절이었습니다.

에릭은 자기에게 주어진 일에 늘 최선을 다했습니다. 그리고 놀 때도 정말 최선을 다해서 놀았죠. 무엇이든지 효율성 있게, 충실하 게 하는 완벽한 사람이었습니다. 그러나 이렇게 매사에 완벽을 추구 했던 남자, 에릭에게도 단점이 있었습니다. 소통하는 능력이 없었습 니다. 감정의 욕구를 회피했던 것이죠. 사랑이라는 감정은 상대방이 알 수 있도록 전달되어야 하는데 그 과정이 소통입니다. 그런데 에 릭은 소통이 되지 않았습니다.

진짜 소통이 되려면 상대방의 감정에 공감하고 거기에 주파수를 맞추어야 합니다. 그런데 에릭은 어린 시절 아버지가 늘 술을 마신 뒤 어머니를 때리는 것을 알았고, 거기서 자신이 느낀 감정을 표현 하면 안 된다고 배웠습니다. 그러다 보니 자신이 느끼는 감정을 늘 억압하고 회피했던 것이죠.

앨리스는 완벽한 남자라고 믿었던 에릭과의 관계에서 무엇인가 정체되는 느낌을 받게 됩니다. 앨리스는 외롭게 자란 만큼 사랑받고 자 하는 욕구가 높은 여성인데, 결국 사랑을 받지 못한다고 느끼게 되면서 둘의 관계도 삐걱거리게 됩니다.

이때 나타난 남자가 바로 필립입니다. 필립은 공장에서 일하는 음향 전기 기사입니다. 원룸에 살고, 외모도 평범합니다.

어느 날 앨리스는 필립과 우연히 출장을 같이 가게 되면서 자신이 어린 시절 느낀 감정과 어려웠던 이야기를 털어놓게 됩니다. 그리고 깜짝 놀라죠. 에릭과는 나누지 못했던 이야기를 처음 만난 남자인 필립에게 털어놓고 있는 거예요. 앨리스에게 마음의 용기가 생긴 것이 아니라 필립이 그녀가 편하게 이야기할 수 있도록 대화의 판을 깔아준 것입니다.

알랭 드 보통은 독자들에게 묻습니다. '누구를 택할 것인가?' 에릭도 앨리스의 말엔 기꺼이 귀 기울여주던 전략형 심리상담사였습니다. 그러나 사랑이 부족하고 외롭게 성장한 앨리스에게는 공감형 심리상담사가 필요했던 거죠.

여러분이라면 과연 누구를 택하시겠습니까? 에릭입니까, 필립입니까? 그리고 이것도 한번 생각해보세요. 나는 필립인가, 에릭인가. 자, 이런 질문도 있을 거예요.

"혹시 에릭을 만나서, 에릭을 필립으로 만들면 안 될까요?"

그것도 가능성이 전혀 없는 이야기는 아닐 것 같네요. 그렇지만 저는 이런 말씀을 드리고 싶습니다. "필립이라도 되자." 필립이 되는 방법은 소통입니다. 소통은 말재주나 기술이 아니에요. 자존감이 바탕이 되어야 하는 것입니다. 그 자존감은 어린 시절의 경험으로 만들어지죠. 바로 이 지점에서 우리는 본격적으로 사티어의 이론을 만날 수 있습니다.

자존감이 성장하면

사티어가 관계를 변화시키기 위해서 초점을 맞췄던 것은 자존감의 성장이었습니다. 그리고 또 하나가 긍정적인 자아입니다. 자존감을 성장시켜 긍정적인 자아상이 회복되면 관계의 변화가 나타난다는 거죠. 그러면 이런 질문을 할 거예요.

"자존감을 성장시키면 어떤 변화가 일어나나요?"

사티어에게 자존감과 더불어 중요한 핵심 개념은 의사소통이었습니다. 자존감과 소통이 연결되고, 그를 통해서 관계의 변화를 끌어내는 것. 이게 핵심이었습니다.

그래서 사티어는 개인의 중요성을 강조합니다. 개인의 변화를 촉진시켜서 가족 또는 집단 전체의 변화를 일으킨다는 것이죠. 여기서 개인의 변화란 바로 자존감의 성장을 말합니다. 즉 자존감 회복의 정도에 따라서 관계체계도 변하는 것입니다. 이 부분에서는 보웬과 비슷한 점이 있습니다. 보웬도 자아분화라는 개인의 성장을 통해서 가족체계의 변화를 이끌어낼 수 있다고 보았습니다. 이것을 사티어는 자존감이라는 개인의 변화가 관계 전체의 변화를 이끌어낼 수 있다고 본 것이죠.

그래서 우리는 사티어 이론의 핵심을 세 가지로 볼 수 있습니다. 자존감, 의사소통, 그리고 관계 규칙이에요. 이 세 가지는 하나라고 볼 수 있습니다. 자존감이 높으면 의사소통이 건강하고, 의사소통이 건강하면 관계 규칙이 기능적이고 건강합니다.

반면에 자존감이 낮으면 역기능적 의사소통에 빠질 가능성이 높습니다. 역기능적인 의사소통, 즉 문제 있는 의사소통을 하니까 관계 규칙도 그만큼 불투명하고 불확실하며 기능적이지 못하게 됩니다. 그래서 이 세 가지는 각자 나누어져 있지만 동시에 서로 순환적으로 맞물려 있으며 하나의 통일성을 갖고 있다는 것을 기억하셔야 합니다.

나를 괴롭히는 내 안의 목소리

앞서 자존감이 자신과 타인을 사랑하는 것과 관계가 있다고 설명했습니다. 자존감이 낮다는 건 내 안에 이른바 '면박꾼'을 두고 있다는 것입니다. 끝없이 '너는 할 수 없어, 네가 해봐야 무엇을 하겠어, 너는 성공할 수 없어'라고 하면서 잊을 만하면 과거에 실수했던 것, 잘

못했던 것들을 떠올리게 하고 끊임없이 스스로 면박을 주는 거예요. 그러니 어떻습니까? 점점 위축되고 무력해질 수밖에 없죠.

가뜩이나 자신감이 있어도 될까 말까 한 현대 사회에서 이렇게 늘 위축되니까 사람들의 눈치만 보게 되고, 그게 너무 지치니까 스스로 투명인간이 되어버립니다. 모자를 깊게 쓰고 사람들 사이에서 눈에 띄려 하지 않고, 목소리도 개미가 기어가는 정도의 크기로 낮추어서 아주 존재감 없이 자신을 은폐하는 것이죠.

이 면박꾼은 언제나 나와 남을 비교하면서 내가 쓸모없고, 가치 없는 존재라는 것을 상기시킵니다. 그뿐 아니라 타인을 부정적인 시각으로 바라보게 합니다. 끝없이 툴툴거리고, 비난하고, 못마땅하게 여기고, 다른 사람을 의심합니다.

처음에는 '그렇구나' 하고 넘어갈 수 있지만, 늘 이런 식으로 사람들을 의심하고, 상대방을 경계하는 사람을 대다수의 사람은 인내하기 어렵습니다. 대놓고 미워하지는 않겠지만 이런 사람과는 친밀한 관계를 형성할 수가 없고, 결국 그 사람은 고립되고 외톨이가 됩니다. 하지만 낮은 자존감에서 오는 부정적인 시각과 여러 비호감 행동 때문에 외톨이가 되어도 그는 이 사실을 모릅니다. 그저 사람들은 왜 이렇게 나를 좋아하지 않는지, 이놈의 세상은 왜 이렇게 불공평한지에 대해서 원망만 할 뿐 정작 자신이 어떤 상태인지 전혀 자각하지 못합니다. 이것은 낮은 자존감을 가진 사람들이 관계 안에서 겪는 수많은 갈등의 공통분모가 되기도 합니다.

사티어는 낮은 자존감이 부정적인 생각을 불러온다고 봅니다. 저도 여러 상담을 하다 보면 그 사람을 괴롭히는 건 어떤 문제보다는 생각인 경우가 많았습니다. 그를 위협하고 숨 막히게 하는 어떤 사건들은 사실 일어나지 않았어요. 정작 그 사람을 힘들게 하는 건 그를 괴롭히는 생각이었습니다.

제가 오래 전 한 명문대에 다니는 남학생을 상담한 적이 있습니다. 이 학생은 누가 봐도 좋은 대학을 다니고 있었고, 학과도 좋았습니다. 그런데 학사 경고를 두 번이나 받은 거예요.

대학에서 수업할 때 발제를 많이 하지 않습니까? 보통은 팀을 구성해 발제를 하죠. 그런데 처음 몇 주는 열심히 수업을 듣다가 팀이 구성되어서 서로 얼굴과 이름을 익히게 되면 그때부터 이제 강의실을 못 가는 거예요. 자신이 중학교 3학년 때 교실에서 받았던 끔찍했던 왕따의 고통이 되살아났기 때문이었습니다. 자신을 알게 된 조원들이 또 자기를 배척하고 싫어하지는 않을까 하는 두려움과 공포감 때문에 학교를 못 가는 거예요. 출석을 못하니 학점은 F고, 경고를 받게 되었던 것입니다. 저는 이 학생과 상담을 하면서 이 학생을 괴롭히는 최고의 악마는 바로 끝없는 부정적인 생각이란 것을 알게 되었습니다.

그런데 여러분, 이런 생각은 자신의 의지로 떠오르는 것이 아니에요. 자신도 모르게 올라오는 것입니다. 특히 낮은 자존감을 가진 사람에게 더 그렇습니다. 이 때문에 그 사람의 삶과 대인관계는 대단히 힘들게 꼬일 수밖에 없습니다.

자존감과 의사소통의 관계

그래서 사티어가 주목한 건 이것입니다. 결국 근본적인 관계의 문제는 바로 자존감의 문제라는 거예요. 사티어는 자존감이 낮은 사람은 불안이 가득하다고 이야기합니다. 이런 사람들은 겉으로는 전혀 다른 문제인 것 같지만 동일한 자존감의 문제를 떠안고 있습니다.

사티어가 자존감 다음 단계로 넘어가서 중요하게 생각했던 것이 아까 말했던 의사소통입니다. 자존감이 부족하면 의사소통의 문제를 일으킵니다. 그리고 의사소통 문제는 가족 관계, 대인관계에서 어려움을 야기합니다.

관계의 어려움을 야기하는 의사소통 사이클

사티어의 이론을 다시 정리해보면 이렇습니다. 먼저 낮은 자존감을 가진 두 남녀가 만나 가정을 이루고, 두 남녀의 낮은 자존감으로 인해서 의사소통에 문제가 옵니다. 소통에 문제가 생기니 어때요?

갈등과 문제가 더 많이 야기됩니다. 더 많이 싸우고 더 많은 긴장이 생깁니다. 그러면 사티어는 이런 악순환에 놓인 가족들을 어떻게 변화시킬까요?

그 출발점은 의사소통의 변화입니다. 자존감에 영향을 주는 것이 바로 의사소통입니다. 그래서 사티어는 의사소통에서 변화를 끌어내요. 기존에 해왔던 의사소통의 패턴을 내려놓고 건강한 의사소통을 할 수 있도록 도와줍니다. 의사소통이 변하면 갈등이 줄어듭니다. 갈등이 근본적으로 없어지지 않아도 과거에 비해 줄어들면서 자존감이 성장합니다. 자존감이 성장하니까 다시 의사소통에 변화가 오는 거예요. 즉 관계 안에서 의사소통이 더 기능적으로 변합니다. 조금 전에는 악순환이었다면 지금은 선순환이 된 거죠. 자신의 문제를 극복할 수 있는 성장 지점으로 회복이 된 것입니다.

사티어는 자존감이 낮은 사람은 자신의 말이 거절당할 것에 대한 두려움을 숨기고 소통을 한다고 이야기합니다. 이때 가장 중요한 세 가지 요소가 있습니다. '자기', '타인', 그리고 '상황'입니다.

'자기'는 자신에 대한 가치와 자율성이고, '타인'은 다른 상황과의 유사성이나 차이점을 동일시하는 것, '상황'은 부모와 조건, 이 주변을 탐색하는 것입니다. 이 세 가지 요소가 구체적으로 의사소통의 핵심입니다. 자기, 상황, 타인이 얼마나 건강한지에 따라서 의사소통이 얼마나 역기능인지 혹은 그렇지 않은지를 설명할 수 있습니다.

의사소통의 자존감 요소

이 그림을 한번 보시죠. 의사소통할 때 자존감에 자기, 상황, 타인으로 세 가지 요소가 작동한다고 설명했습니다. 사티어는 이 세 가지 요소 중에 어떤 것이 오염되는가에 따라서 어떤 유형이 나타나는지를 설명합니다.

첫 번째, 회유형입니다. 용서를 구하고, 애원하고, 변명하고, 의존적이고, 지나치게 착하거나 명랑한 모습을 보입니다. 주로 하는 말을 보면 '다 내 잘못이에요, 당신이 없으면 나는 아무것도 아니에요, 나는 생각하지 마세요, 당신이 원하는 것이 무엇인가요' 이런 식으로 자기 자신을 죽이고 상대방의 비위를 맞춥니다.

회유형은 어떤 부분이 오염되었을까요? 바로 자기입니다. 감정이 억제되어 있고 억눌린 분노를 갖고 있으며 상처와 걱정이 많습니다. 한편으로는 회유형 의사소통을 가진 사람에게는 남을 잘 돌보고 예민한 부분이 있어 또 다른 훌륭한 직업적 자원이 될 수 있다고 보기도 합니다.

두 번째로 비난형입니다. 비난형은 의사소통을 할 때 주로 비난하고, 고함을 치거나 화난 표정을 짓고, 겁을 주고, 명령하고, 지배하려 하고, 약점을 잡습니다. 누군가와 소통할 때 이런 식의 태도를 보이면 기분이 나쁘잖아요. 비난형은 '다 네 잘못이야, 네가 잘못한 거야, 제대로 한 것이 없어, 나한테 잘못 없어'라고 하면서 상대방에게 책임을 떠넘기고 자기 자신은 잘못이 없다고 생각합니다. 물론 사과도 없고요.

비난형은 자존감의 세 가지 요소 중 무엇이 오염되어 있을까요? 타인이 오염되어 있습니다. 자기와 상황은 건강하게 작동하고 있습니다. 비난형은 대단히 공격적이고 파괴적인 소통 방식을 씁니다. 사실 사람들로 하여금 공격적인 자세와 입장을 취하게 하는 것은 자신감이 아니라 그 밑바닥에 깔린 두려움입니다. 비난형의 핵심은 두려움이에요. 그러나 한편으로는 자기주장이 강하고 높은 에너지라는 자원도 있습니다. 그래서 리더가 될 가능성이 높습니다.

세 번째로 초이성형이 있습니다. 뻣뻣하고 경직된 자세에 차갑고, 심각하고 우월한 표정을 짓고, 뭔가 충고하는 듯한 자세를 취합니다. 대단히 논리적이고 객관적이며 말이 좀 깁니다. 어려운 말들을 사용하기도 하고요. 일상을 보면 규칙적이고 추상적인 사고에 매여서 개인적인 감정을 드러내지 않습니다. 아주 화려한 언변 속에 자신의 감정을 숨기고 있습니다.

초이성형은 겉으로는 굉장히 이성적인 것 같지만 사실 내면 깊은 곳에는 예민함을 갖고 있습니다. 외롭고, 소외감도 느끼고, 통제 불능에 대한 두려움이 있습니다. 초이성형의 자존감을 보면 자기가 오염되어 있습니다. 그리고 타인도 오염되어 있어요. 오직 상황에 대한 인식만 기능하고 있습니다. 그러나 이런 초이성형의 의사소통을 하는 사람들에게도 자원이 있습니다. 바로 뛰어난 지성입니다. 그리고 집중을 잘하고 냉철한 이성으로 문제를 해결하는 능력을 갖고 있습니다.

네 번째, 산만형입니다. 이 유형은 과하게 활동하거나 어느 땐 지나치게 저低활동입니다. 안절부절 하지 못하고 계속 움직이며 좀 어리석어 보이거나 끝없이 주의를 끌려는 행동을 합니다. 그리고 한 가지 주제에 집중하지 못해요. 그래서 회피적이고 산만하지만 자세히 보면 정작 자신의 개인적 감정은 절대 표현하지 않습니다. 그래서 끝없이 농담을 하고 의미 없는 이야기를 합니다. 뭔가 심각한 이야기라도 나오면 그걸 방해하면서 주의를 흩트려놓습니다.

산만형도 보면 자신의 솔직한 감정을 거의 드러내지 않지만 매우 예민합니다. 초이성형과 마찬가지로 내적으로 대단히 외롭고 소외되어 있습니다. 늘 텅 빈 느낌이고 불안이 높습니다. 두려움이 높죠. 그러나 산만형의 자존감은 놀랍게도 자기, 타인, 상황 세 가지 모두가 오염되어 있습니다.

여기서 우리가 알아야 하는 것이 네 가지 유형의 역기능적 의사소통은 일상에서 일반적으로 하는 의사소통이 아니라 위기에 빠졌을 때 나오는 의사소통이 무엇이냐에 따라 분류했다는 것입니다. 위기 상황에 놓였을 때 이 네 가지 중 어떤 것을 선택하느냐는 거예요. 그게 진짜 나에게서 나타나는 의사소통 유형입니다.

관계의 규칙

관계는 개방적이고 희망적이며 선택을 기본으로 합니다. 있는 그대로 서로를 존중하고 배려하면서 관계를 시작해야 한다는 것이죠. 반면에 상대방을 사랑이라는 미명하에 구속하려 한다면 그 구속에서 수많은 갈등과 문제를 야기할 수 있습니다.

만약 자존감이 낮다면 사랑을 확인하려 애를 쓰고 그 증거만을 사랑의 증표로 여기게 됩니다. 그러나 자존감이 높으면 상대방에게 지나치게 의존하지 않고 눈에 보이는 증거에도 집착하지 않습니다. 그에 걸맞은 가족의 규칙과 소통, 관계, 그리고 문화도 형성해나갈 수 있습니다.

관계 규칙을 좀 더 정리해보면 열린 체계와 닫힌 체계의 규칙이 있습니다. 이 두 가지의 근본적인 차이는 내부와 외부로부터의 변화에 대해 반응하는 방식입니다.

먼저 열린 체계입니다. 열린 체계는 구성원들이 상호적으로 연결되어 있고, 구성원들 간에 반응이 예민하며, 체계 내부와 환경에 정보가 잘 유통되는 오픈형이라고 할 수 있습니다. 이 체계에서 관계 규칙은 개방적이고 자존감은 적절하면서 친밀감을 형성할 수 있는 형태로 나타나죠. 그래서 자존감은 더 높아지게 되고 자기 자신에게도 확신이 있으며, 이러한 확신은 다른 사람을 긍정하고 수용하게 만듭니다.

반면에 닫힌 체계는 구성원들이 서로 경직된 채 연결되어 있거나 아예 연결되어 있지 않습니다. 그리고 어느 경우에는 구성원들 사이 체계가 바뀌어 있습니다. 안으로나 밖으로 정보가 유통되지도 않습니다. 힘과 업적으로 자기가치를 우선하고, 우두머리의 변덕에 의해서 복종되거나 변화가 거부되기도 합니다. 그러니 자존감은 낮고, 의사소통은 감정적이고 불투명하며 부적절합니다. 개인의 성장도 방해받게 되죠. 한국의 가부장적인 관계들이 대부분 여기 포함됩니다.

의사소통 역시 역기능적 의사소통으로 나타납니다. 비공개적이고, 시대에 뒤떨어지고, 인간적이지 못하고, 규칙이 너무 고정적이고, 자아존중감도 파괴한다고 설명할 수가 있겠네요. 그래서 자존감은 갈수록 낮아지고 그 결과, 사람들에게 더 의존하게 됩니다.

좋은 인간관계를 맺는 열쇠 중의 하나는 다른 사람들을 인정하고 그들에게 적절한 관심을 기울이는 것입니다. 그런데 우리가 다른 사람을 존중하고 받아들이기 위해서는 먼저 우리가 우리 자신을 인정하고 존중하는 것이 필요합니다.

사티어는 이것을 설명하기 위해 자존감과 의사소통의 관계를 중심으로 관계심리학을 설명하였습니다. 여기서 가장 중요한 것은 자존감, 의사소통, 관계 규칙이었습니다. 이 세 가지가 분리된 듯 보여도 서로 하나로 연결되어 작동되고 있다는 것을 반드시 기억하시기 바랍니다.

6강

갈등을 해결하는 가장 오래된 방식

희생양

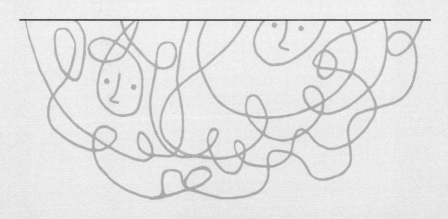

한 집단 내에서 갈등이 발생하면 이것을 해결하기 위해서
대단히 많은 노력이 필요하다. 희생양은 오랜 기간
인류가 갈등을 해결하는 가장 손쉬운 해결 방식으로
원인을 찾고 해결해나가는 긴 과정을 생략한 채
일방적으로 책임을 전가한다. '꼬리 자르기'라고도
말하는 이 방식이 어떻게 희생양을 만들고,
거기에는 어떤 유형이 있는지 등을 다양하게 알아본다.

우리 주변에서 심리상담을 위한 기관이나 센터들을 쉽게 볼 수 있게 되었습니다. 심리상담을 위해 센터에 찾아오는 가장 많은 이유는 자녀 문제입니다. 자녀가 왕따를 당하거나, 어떤 신체증상을 갖고 있거나, 등교 거부를 하는 등 뭔가 문제행동을 보이는 거예요.

그런데 자녀를 심리상담사에게 맡긴다고 해서 치료가 되는 게 아니에요. 왜냐하면 그 아이가 상담을 통해 변화된다고 하더라도 그 아이를 둘러싸고 있는 문제체계, 즉 가정 환경이 변하지 않으면 회복은 어렵거든요. 이러한 경우 상담자의 눈에는 자녀가 희생양으로 보일 수 있습니다. 여기서 관점이 바뀌게 되죠.

자녀를 데리고 온 부모의 입장에선 자녀가 문제아로 보일 가능성이 높습니다. 우리는 별문제 없는데 이 아이만 이런 거죠. 부모 입장에서는 문제아일 수 있지만 심리상담사의 입장에서는 희생양으로 보이는 경우도 많습니다. 그래서 처음 출발은 자녀로 시작했지만, 결국 부모의 상담으로 이어지면서 가족의 변화가 일어나고 그 변화의 영향으로 자녀의 증상이 해결되기도 합니다. 이번엔 희생양의 개념이 무엇인지 하나씩 짚어보도록 하겠습니다.

인류만큼 오래된 희생양의 역사

'희생양'이란 말은 구약성서에서 처음 등장합니다. 구약에서는 어린 양을 통해서 이스라엘인의 죄를 대신하게 했던 희생 제의와 관련이 있습니다.

프랑스 출신의 인문학자였던 르네 지라르Rene Girard는 신화와 설화에 대한 수많은 분석을 통해서 인간이 직면한 문제를 해결하는 가장 원초적이고 무의식적인 수단이 바로 희생양 메커니즘이라는 것을 밝혔습니다.

지라르의 말에 따르면 희생양 메커니즘이란 하나의 희생을 통해 가능한 한 모든 희생물들을 대신하는 것으로, 동물의 희생을 인간의 희생으로 대신하는 기능뿐 아니라 좋은 폭력으로 나쁜 폭력을 막는 종교의 사회적 기능을 수행했다고 말했습니다.

쉽게 말해서 이것입니다. 인간이 수천 세대를 내려오면서 한 공동체 안에 (가족도 마찬가지죠) 위기가 닥쳐요. 문제가 생겼습니다. 그런데 문제를 해결하는 과정은 사실 정말 힘든 과정입니다. 문제를 분석하고 직면하는 것은 너무나 어려워요. 그런데 누구 한 명에게 모든 책임을 돌리면 어떻습니까? 쉽게 해결할 수가 있습니다. 바로 이것이 희생양 메커니즘입니다.

이런 희생양 메커니즘을 과거 우리나라 군사 정부 시대 때는 '총대 메기'라고 말했습니다. 누가 총대를 멜 거냐 하는 것이었죠. 최근에는 '꼬리 자르기'입니다. 몸통은 누구고, 어느 선에서 꼬리를 자를 거냐는 거죠. 그 잘리는 꼬리가 바로 희생양입니다.

한 기업이나 조직에서 문제가 생겼을 때 모두가 책임을 지는 건 어렵습니다. 하지만 그중에 한 명이 책임을 다 지게 되면 어떻습니까? 그만큼 희생이 덜하게 됩니다. 이와 같은 희생양 메커니즘은 수천 세대를 내려오는 전형적인 메커니즘입니다. 지라르는 유럽 역사에서 발생했던 유대인 박해 사건이나 마녀사냥도 희생양 메커니즘에 속한다고 말했습니다.

고대 이스라엘이 로마에 의해서 멸망했을 때 상당수의 이스라엘인들은 그들이 지구의 끝이라고 여겼던 스페인으로 이주를 했습니다. 유대인들의 이주 역사는 정말 긴데, 그들을 이주하게 했던 그 근본적인 원인은 바로 유대인 박해 사건입니다. 그런데 그것은 고대에서 중세까지 계속 반복되었습니다. 불과 2차 세계대전 때만 해도 있었던 나치의 유대인 박해도 희생양 메커니즘이었어요.

사회에 기근이 들고 뜻하지 않은 질병이 돌 때, 경제 시스템이 붕괴되고 국가가 재난 상황에 처하게 됩니다. 그런 상황을 해결하는 건 너무 어렵습니다. 문제가 되게 복잡하거든요. 하지만 이 모든 게 유대인 탓이라고 하면 어때요? 금방 해결됩니다. 힘이 없는 유대인에게 책임을 전가함으로써 그들은 박해받지만 국가 시스템이나 종교체계들은 그대로 유지되는 것입니다.

중세시대가 끝날 무렵 있었던 마녀사냥도 일종의 희생양 메커니즘입니다. 그 당시는 심각한 질병이 계속되고 모든 땅이 황폐화되었던 때예요. 이럴 때 책임을 돌릴, 심리학적으로 말하면 투사할 대상을 찾은 것입니다. 그게 여성이었던 것이죠.

우리 역사에서도 정말 잊을 수 없는 사건이 있습니다. 일제 강점기 일본 관동 지역에 지진이 발생합니다. 수많은 일본인이 목숨을 잃고 재산을 잃었죠. 그 당시는 지금보다 국가적 시스템의 발달이 더뎠고, 일본인들은 그 분노와 절망을 투사할 대상을 찾았습니다. 그게 바로 조선인들이었습니다. 조선인들이 우물에 독을 탔고, 지진이 일어나도록 기도했다고 하는 말도 안 되는 루머가 급속도로 퍼져나갔습니다. 여기에 흥분한 일본인들이 닥치는 대로 조선인들을 잡아다가 정말 잔인한 방법으로 살해했습니다. 조선인들은 전형적인 희생양 메커니즘의 희생자였습니다.

최근 전 세계로 퍼진 코로나19로 인해 국가 시스템, 특히 의료 시스템이 마비된 이런 상황에서 누군가에게 책임을 돌리는 방법은 여전히 가장 쉬운 문제 해결 방법입니다. 그러나 이런 방법은 어느 정도 분은 풀리겠지만 여전히 문제 자체는 해결되지 않은 채 남아 있을 가능성이 높습니다.

이처럼 인간이 위기에 처했을 때 그 위기를 해결하는 가장 원초적인 방법이 바로 희생양 메커니즘입니다. 그런데 이것은 가족을 비롯한 사회의 여러 집단 안에도 있습니다. 집단이 위기에 처했을 때 누군가에게 책임을 돌리고 투사의 대상으로 전락시켜서 그를 희생양으로 만드는 메커니즘이 여전히 존재한다는 거죠.

가족의 짐을 짊어진 사람

희생양 메커니즘은 인류의 시작과 더불어서 기능하기 시작했으며 인간의 가장 작은 사회적 체계가 되는 가족에도 존재합니다.

가족희생양은 그 가족이 가진 역기능을 대신하고, 그 가족이 가진 짐을 짊어진 사람이에요. 그리고 투사의 희생양이 되도록 차출된 사람이기도 합니다. 가족의 긴장을 다른 데로 돌리고, 덕분에 가족에게 단단한 결속의 토대를 제공하는 아주 중요한 역할을 합니다. 결과적으로 가족희생양은 우리가 초반에 배웠던 항상성이라는 균형을 유지하기 위한 행동 패턴이라고 설명할 수 있습니다.

가족은 똑같은 무게를 유지하기 위해 일종의 중력 같은 균형을 지속하고자 합니다. 가족희생양이 된 가족 중 누군가는 가족의 긴장을 다른 데로 돌리게 하고 가족에게 결속의 토대를 제공하는 중요한 기능을 합니다. 그런데 이것은 의식적으로 이루어진 것이 아닙니다. '우리 가족이 힘들구나. 우리 집에 긴장과 갈등이 있어. 그러니 누구를 이용해서 갈등을 해결하고 가족의 균형을 이루자'가 아니라 철저하게 수천 세대를 통해서 내려왔던 무의식적인 투사 과정입니다. 그래서 본인이 투사를 하고 있는지도 모릅니다.

예를 들어서 한 공동체 안에 긴장과 갈등이 발생했습니다. 그 긴장과 갈등을 해결하는 데에는 너무나 많은 에너지가 필요합니다. 해결을 위해 용서할 것은 용서하고 받아들일 것은 받아들여야 하는데 그것이 정말 어렵습니다.

마찬가지로 가족들의 눈에는 가족희생양의 역할을 한 사람이 결코 고마운 사람으로 보이지 않습니다. 오히려 문제덩어리, 한심한 놈, 더 나아가서 수치스럽고 부끄러운 존재일 수도 있습니다.

하지만 관계심리학적 관점에서 보면 그는 가족의 짐을 짊어진 존재입니다. 가족들이 자녀가 가족의 희생양 역할을 해왔다는 사실을 인식하고 받아들일 때 그 자녀를 바라보는 시각이 변하게 됩니다. 그래서 오히려 자녀에게 부끄럽고, 미안하고, 고마운, 더 나아가서는 안타까운 마음을 갖게 되고 당연히 가족의 변화도 일어나게 되죠.

가족희생양이 생기는 이유

오스트리아의 심리학자인 루이 쉬첸회퍼Louis Schutzenhofer는 희생양의 역할을 맡게 된 자녀의 특징을 설명했습니다. 보통 가족 안에서 희생양의 역할을 떠맡는 자녀의 특징은 이렇다는 것이죠.

먼저 다른 형제들이나 자매에 비해서 감수성이 높습니다. 아주 예민하고 겁이 좀 많습니다. 그러다 보니 집안의 공기, 집안의 분위기를 다른 형제자매에 비해 빨리 잡아냅니다. 다른 형제들은 부모가 싸우는지, 집안 분위기는 어떤지 별 눈치 못 채고 그냥 회피할 수도 있습니다. 그런데 이 자녀는 워낙 감수성이 뛰어나고 예민하기 때문에 부모의 감정 상태와 집안의 공기를 너무나 잘 알아채는 것입니다. 그러다 보니 다른 자녀에 비해서 죄책감을 많이 느끼게 되고, 버림받지 않을까 하는 두려움이 더 높습니다. 쉬운 말로 표현하면 겁이 아주 많다는 것이죠.

이런 자녀는 특히 가족 안에서 조화와 균형을 이루고자 하는 욕구가 큽니다. 예민하다 보니 가족의 분위기가 험해질 때마다 다른 자녀에 비해서 훨씬 더 큰 고통을 느끼는 거예요. 가족이 좀 더 행복하고 편안해지기를 바라게 됩니다. 그래서 이런 자녀일수록 가족희생양 역할을 떠안을 가능성이 그만큼 높아지는 것입니다. 부모들은 자신도 모르게 이런 특성을 가진 자녀들을 끌어들여서 삼각관계를 형성하고, 투사의 대상으로서 자녀를 활용하게 됩니다. 이러한 메커니즘으로 가족은 해체되지 않고, 그 균형은 심각하게 훼손되지 않으면서 나름대로 가족항상성을 유지할 수 있는 것이죠.

30대 초반의 여성이 있었습니다. 이 여성의 어머니는 한 남자와 교제하던 중 성격 차이로 헤어진 뒤에 임신 사실을 알게 되었고, 미혼모가 되었습니다. 어머니는 딸에게 아버지와 가족을 만들어주기 위해 이혼 경력이 있는 남성과 결혼을 하고 살았습니다. 물론 어머니는 이 남성에게 마음이 별로 없었죠. 그래서 어머니는 어릴 때부터 이 여성에게 매일 이렇게 하소연했다고 합니다.

"너 때문에 너희 아빠하고 이혼하지 못했다, 너만 태어나지 않았으면 내가 정말 새 출발을 할 수 있었고, 저런 인간하고 살지도 않았을 텐데 네가 태어나서 내가 이혼을 못 했고 이렇게 평생 너희 아빠에게서 벗어나지 못한 채 살고 있다, 내 인생이 너무 아깝다."

그 말을 들을 때마다 이 여성은 대단히 큰 죄책감과 수치감을 느끼게 되었습니다. 자기의 존재 자체가 어머니의 인생을 발목 잡았다는 사실이 유쾌하지 않을 거예요. 대단히 불행하죠.

어머니에 대한 책임감을 느끼게 된 여성은 대학을 졸업한 뒤 정말 열심히 공부해서 임용고시에 합격했습니다. 그리고는 악착같이 아끼며 돈을 모았습니다. 그 후 어머니에게 이렇게 말했죠.

"엄마, 이제 내가 경제적으로 독립했으니 엄마는 자유로운 삶을 살아. 이혼해도 돼."

그 말을 들은 어머니는 갑자기 얼굴이 빨개지면서 여성에게 막

말과 폭언을 했습니다. 이 여성의 입장에서는 당황스러운 거예요. 나 때문에 이혼 못 했다고 어릴 때부터 노래하듯이 이야기를 했는데, 정작 이혼하도록 도와준다고 하니까 어머니가 더 화를 내고 입에 담을 수 없는 욕을 하면서 자신을 완전히 궁지로 몰아넣는 것입니다.

그래서 상담을 하게 되었고 드디어 이 여성은 알게 되었습니다. 어머니가 정말 이혼을 하고 싶었다기보다는 그저 불행한 결혼 생활에서 오는 긴장과 갈등을 해소할 대상이 필요했다는 것을요.

하지만 어머니는 도저히 그걸 받아들일 준비가 되지 않았고 결국 딸에게 모든 것들을 퍼붓게 되었던 것이죠. 이 여성은 정서적 쓰레기통 역할을 한 것입니다. 하지만 여성은 전혀 몰랐습니다. 자신이 어머니의, 이 가족의 정서적 쓰레기통 역할을 했다는 사실을 전혀 알지 못했습니다.

이 여성이 부모의 결혼 생활을 회복시켜줄 수도 없고, 지나간 결혼 생활을 보상해줄 수도 없습니다. 안타깝지만 어쩌면 그것이 부모님의 삶이고 어머니의 인생일 수도 있습니다. 이 여성은 어머니의 삶에서 오는 긴장과 불행을 자기 것으로 받아들이는 것을 그만두고, 나는 나로서 어머니와 분리하는 작업을 통해 드디어 오랫동안 자신을 짓눌렀던 그 무거운 가족의 짐으로부터 독립되어 나올 수 있었습니다.

부부 사이에 갈등이 있고 그것을 해결하기 어려울 때 자신도 모르게 자녀를 끌어들이게 됩니다. 보웬의 이론에서 자녀를 갈등으로 끌어들이는 것은 바로 삼각관계였습니다. 가족희생양 또한 삼각관계의 희생양이라 설명할 수가 있습니다.

가족 안에서 대부분의 경우 자녀들이 가족희생양 역할을 담당합니다. 그런데 반드시 자녀만 그런 것은 아니라는 것을 아셔야 합니다. 때로는 배우자 중 누군가가 그 역할을 할 수도 있고, 조부모 중 누군가가 그 역할을 할 수도 있습니다. 가족 구성원 안에서 비교적 약하고 기능이 떨어지는 누군가가 그 역할을 떠맡을 수 있다는 것을 기억하시기 바랍니다.

상담실에 가족 전부가 힘들어서 오지는 않습니다. 상담실에 왔다는 것은 결국 가족 중 누군가가 가장 힘들어하고 있다는 것입니다. 결국은 그 한 명이 가족희생양 역할을 하고 있다는 것을 알 수 있습니다. 가족 안에 존재하는 갈등을 한 명이 짊어지고 있는 것이죠. 그것은 가족 안에서 갈등을 해결할 수 있는 능력이 부족하기 때문입니다. 보웬의 관점에서 보면 자아분화가 낮아 삼각관계를 형성하려고 하는 것이고, 사티어의 관점에서 보면 자존감이 낮아 의사소통에 문제가 생기는 것입니다.

가족 안의 프로메테우스

여기까지 강의를 들었다면 가족희생양이 꼭 필요한 것인지 의문이 드는 분도 있을 것입니다. 그리고 가족희생양 역할을 한 사람이 가족들에게 마냥 고마운 대상이 아니라 오히려 비난의 대상이 된다는 사실이 불편하게 느껴지는 분들도 있을 것입니다.

그리스 신화에 보면 프로메테우스라는 신이 등장합니다. 프로메테우스는 인간들이 너무 미개하다는 것을 느끼고 인간들을 위해 하늘에 있는 불을 훔쳐서 가져다줍니다. 이렇게 불을 사용하게 된 인간들은 문명을 형성하고, 그 과정에서 신을 숭배하게 되고 제물을 바치게 되었죠. 결과적으로 보면 신들도 좋아졌습니다. 프로메테우스가 불을 잘 훔쳐다 준 것이죠. 하지만 결과가 그렇게 되었다 해도 그는 잘못을 저질렀습니다. 불을 훔쳤습니다. 대가를 치러야 하죠. 그래서 프로메테우스는 바위에 묶인 채로 매일 독수리에게 자신의 심장을 파 먹히는 끔찍한 형벌을 받게 되었습니다.

이 신화를 우리에게 접목해볼 수 있습니다. 아무리 정당하고 결과적으로 선한 일이었다고 해도 자신의 위치와 역할, 가족들의 무의식적인 요구로부터 벗어나려 할 때 그 자녀는 가족들로부터 용서받을 수 없는 형벌에 처해질 수 있습니다. 쉽게 말해서 가족 안에는 무의식적으로 부여받은 자신의 역할이 고통스럽고 불합리하더라도 떠안고 수행해야 한다는 무언의 법이 존재한다는 거예요. 그리고 그 역할을 떠안은 자녀가 그것을 벗어나려고 할 때 프로메테우스 형벌과 같은 징벌을 당하게 되는 것이죠.

박사 학위가 몇 개나 되어도, 판사나 검사, 또는 유명한 정치가라 해도 그는 누군가의 딸이자 아들입니다. 사회에서는 정말 우러러보는 사람이고 존경받는 사람이지만, 가족 안으로 들어가면 그저 딸이고 아들일 뿐이에요. 그 안에서 역할이 따로 있는 거죠. 가족희생양을 보고 "벗어나면 되지 뭐, 그냥 부모와 인연 끊으면 되는데 뭐가 힘들어, 나오면 되겠네" 제3자는 쉽게 말할 수도 있습니다. 그러나 가족 안에서 무엇보다도 그 역할을 수행할 것이 요구되고, 그 역할을 거부하게 되면 바로 프로메테우스 형벌을 받는 것과 같은 고통에 처할 수 있습니다. 그렇기 때문에 벗어날 수가 없는 거예요.

그래서 이것을 이렇게도 설명할 수 있습니다. 가족에게는 일정하게 주어진 의무와 역할이 있고 위계질서가 있는데, 이것을 '씨족의 양심'이라고 말합니다. 그 가족의 양심이란 게 있는 거예요. 그래서 그 양심을 지키고 유지하기 위해서 가족의 뜻에 반하는 행동을 하는 사람에게는 잔인한 형벌이 가해질 수가 있다는 것이죠. 그래서 불의이고, 말이 안 되는 것일지라도 결국 가족들이 요구하는 역할로부터 벗어나기 어렵습니다. 본인의 힘만으로 벗어나기는 어려운 거예요.

가족희생양 유형

미국의 가족상담사인 존 브래드쇼John Bradshaw는 아래와 같이 여러 가지 형태로 희생양의 유형을 이야기합니다.

부모의 부모	부모의 친구	어머니/아버지의 우상	가족 내 평화주의자
가족상담사	완벽한 아이	성자	운동선수
가족 중재자	어머니/아버지의 배우자	악당	광대
실패자	문제아	귀염둥이	순교자

존 브래드쇼의 희생양 유형

첫 번째, 부모 역할을 하는 자녀입니다. 과거에는 자녀가 부모 대신 경제 활동을 했던 경우도 있었습니다. 우리가 책이나 영화 등에서 보고 들었던 것처럼 어린 나이에 중학생 정도 나이가 되자마자 공장에 가서 얼마 안 되는 돈을 벌어 집에 보내고 부모가 그 돈으로 생활하는 것이죠. 그것도 모두 일종의 부모의 부모 역할입니다. 그런데 단순히 경제적인 역할뿐 아니라 정서적인 역할을 하기도 합니다. 부모가 부모의 역할을 하지 못하고, 반대로 자녀가 부모를 돌보는 역할을 합니다. 전형적인 희생양이죠.

어머니나 아버지의 친구 역할을 하는 경우도 있습니다. 부모의 대인관계가 몹시 좁고 한정되어 있다 보니 자녀가 부모와 놀아주는 역할을 하는 거예요. 자녀가 아니라 부모의 사회적 친구 역할을 하는 것입니다.

자녀가 가족상담사 역할도 합니다. 부모가 싸우면 중재하고 코칭까지 하는 전형적인 가족희생양 역할이죠. 제가 상담했던 사례 중에 딸하고 굉장히 친하게 지낸다고 자랑하던 분이 있었습니다. 이분은 딸에게 첫사랑도 이야기하고, 자기 딸이 첫사랑을 찾아준다고 하면서 인터넷도 찾아보고 하는 것이 너무 대견하고 고맙다는 이야기를 했는데, 그 순간 제 머릿속에 떠오르는 게 있었습니다. '엄마의 친구 역할을 하는구나.' 더 나아가서 상담자 역할도 하는 것 같고요.

부모의 우상도 있습니다. 이것은 특히 스포츠 스타들에게 많이 나타납니다. 누구라고 구체적으로 이름을 대지는 않겠습니다만 여러분도 아마 떠오르는 이름이 몇 개 있을 거예요. 자신이 이루지 못한 꿈을 자녀에게 투사합니다. 그래서 그 자녀가 스포츠 스타가 되거나 유명한 음악가가 되어서 부모의 이루지 못한 꿈을 이루어줍니다.

그 자녀에게는 자유가 없습니다. 태어날 때부터 어머니의 이루지 못한 꿈, 아버지가 이루지 못한 꿈을 해결해야 하는 우상과 같은 역할을 하는 존재가 되는 것이죠. 그리고 그 역할을 하지 못하면 대단히 심각한 가족의 위기를 가져옵니다. 아까 이야기했던 프로메테우스 형벌처럼 말이죠.

부모의 바람을 이루지 못하면 다른 것으로 성공하더라도 성공의 기쁨을 오롯이 맛보기 어렵습니다. 사제 아니면 종교인, 목사 같은 직업군에서도 이런 모습들을 종종 볼 수 있으며, 완벽주의적인 자녀 역시 전형적인 희생양 역할을 하는 자녀입니다.

브래드쇼는 희생양의 역할을 더 많이 확장합니다. 가족 안에서 성자의 역할을 하는 자녀가 있고, 악당 역할을 하는 자녀도 있습니다. 악당 역할은 문제아 역할로 이어지기도 합니다.

귀염둥이 역할을 하는 자녀도 있습니다. 특히 부부 간의 긴장, 갈등이 있을 때 자녀 한 명이 귀엽게 재롱을 부림으로써 가족의 분위기를 전환시키는 것이죠.

부모가 굉장히 성공했을 때 자녀는 실패자의 역할을 떠안기도 합니다. 그를 통해서 가족의 균형이 이루어지게 되죠. 지나친 성공과 지나친 실패. 둘이 합쳐지니까 균형이 이루어집니다.

그리고 부모의 배우자 역할, 이것도 많습니다. 부모의 정서적 배우자 역할을 하는 경우도 많이 있는데, 가족 안에서 평화주의자 또는 중재자 역할로 다 설명이 가능합니다.

광대 역할, 쉽게 말해서 코미디언 역할도 있습니다. 부모 사이에 갈등이 있어요. 그러면 우스갯소리 조금 하고 자기 자신을 자학하면서 가족들을 막 웃기죠. 억지웃음이라도 그 자녀 덕분에 가족들은 경제적인 어려움이라든가 불안이라는 긴장 상태 속에서도 웃을 수가 있는 거예요. 그러나 이 또한 희생양이죠.

그런데 이렇게 많은 역할들 중에 브래드쇼가 주목한 대표적 희생양이 있습니다. 바로 문제아입니다. 아까 설명했듯이 특히 희생양의 역할은 투사의 대상이 되는 것입니다. 문제아란 바로 그 투사의 대상이 되는 대표적인 심리적 현상입니다.

브래드쇼뿐 아니라 비말라 필라리Vimala Pillari도 문제아에 주목했습니다. 가족희생양으로 뽑히면 그 자녀는 문제아로서 역할을 하게 됩니다. 그리고 자녀의 문제행동들을 통해 그 가족 안에 있는 긴장, 불안, 극도로 부정적인 감정들을 표현할 수 있습니다.

문제행동은 자녀를 혼내거나, 책망하거나, 비난을 가할 수 있는 근거를 만듭니다. 그러면서 차마 표현하지 못했던 긴장과 불안 등 미처 해소하지 못한 수많은 부정적인 감정들을 자녀에게 쏟아붓게 됩니다. 그러면 그럴수록 그 자녀의 문제행동도 더 강화됩니다. 악순환인 거죠.

여러분, 제가 브래드쇼의 이론을 통해서 설명한 희생양 역할이 어떻게 다가오나요? 이렇게 다양한 희생양 역할들이 가족 안에 존재합니다. 때로 이들은 가족에게 웃음을 주고, 가족에게 평화를 가져다주고, 배우자 대신 그 역할을 합니다.

주변 사람들이나 가족들은 원래부터 성격의 문제라고 치부할 수 있겠지만 반드시 알아야 합니다. 지금 하는 행동들은 가족들이 이 자녀에게 요구한 역할이에요. 자기가 원해서 한 것이 아닙니다.

희생양의 역할은 너무나 무겁습니다. 하루만 한다면 전혀 문제가 없죠. 그런데 365일 24시간 해야 하는 거예요. 자녀에게는 너무나 과중한 삶의 무게입니다. 이런 희생양 역할을 어린 시절에 경험했다면 그 사람의 유년기는 어렵고 힘들었을 가능성이 높습니다.

문제아라는 가면을 쓴 희생양

최근에 제가 상담을 했던 사례입니다. 어느 부모가 상담을 받으러 왔습니다. 상담이 필요하대요. 이유를 물으니 아들 때문이라고 대답했습니다.

아들이 20대 중반인데 계속 막말을 하고 가족들을 힘들게 한다는 것이었습니다. 그런 아들 때문에 못 견디겠다고 볼멘소리를 하며 어떻게 하면 아들을 변화시킬 수 있는지를 물었습니다. 가족 모두 아들의 변화를 강력하게 요구했습니다.

다음날 저는 이 가족의 문제아로 낙인된 아들을 만났습니다. 그런데 상담을 하던 중 깜짝 놀랐습니다. 알고 보니 아들은 이 가족의 희생양이었던 것입니다. 부모에게 화를 내고 대드니 문제아처럼 보이지만, 그는 20년 이상 이 가족의 희생양이었습니다.

아버지는 자녀들의 일에 무관심했고 훈육을 하지 않았습니다. 그 대신 어머니가 아버지 역할까지 했던 것 같아요. 어머니는 두 자녀 중에서 눈치가 없고 느린 아들을 못마땅해했습니다. 어릴 때부터 아들은 어머니의 잔소리, 비난의 대상이 된 것이죠. 그렇지만 사실 어머니는 가장의 역할까지 하고 있었고, 자신이 느끼는 삶의 스트레스와 긴장, 갈등을 조금 더디고 눈치 없는 아들에게 퍼붓고 있었던 거예요.

아들의 마음속 깊은 곳에는 부모에 대한, 더 나아가서 어머니에 대해 한이 맺혀 있었습니다. 어린 시절부터 학창 시절에 이르기까지 어머니가 했던 말이나 동생과의 차별을 끊임없이 이야기했습니다. 어릴 때부터 설정되었던 딸은 공주이고, 아들은 머슴이라는 관계가 변하고 있지 않았던 것입니다. 결국 너무 큰 차이가 나는 역할에 대한 분노와 저항을 갖고 있었던 것이죠.

그래서 저는 아들에게 "당신은 좀 미련합니다. 부모를 바꾸려고 하는 만큼 당신은 가족 안에서 분노와 투덜대는 모습만 볼 수 있을 뿐입니다"라고 이야기했습니다. 사실 정말 그랬거든요. 더 이상 머슴 역할을 하지 않고, 여동생과 좀 더 공평한 관계가 되기 위해 애를 쓸 때마다 가족들의 대응은 프로메테우스가 받았던 형벌과 같았습니다. 변화를 받아들이기는커녕 '쟤가 왜 저래?'하고 말았을 뿐입니다. 결국 3 대 1로 갈등만 지속되었습니다.

그래서 저는 이 아들에게 덧붙여서 이렇게 말했습니다.

"당신은 이미 20대 중반이고, 그리고 결혼한 사람도 있습니다. 원가족을 변화시키고 원가족 안에서 당신의 위치를 세우려고 애쓰기보다 정서적으로 조금 거리를 두고 이제는 현재의 가족에게 에너지를 써야 합니다."

이 사례에서 볼 수 있는 것은 이것입니다. 아들은 가족 모두에게 문제아였습니다. 하지만 그 문제아는 지난 20년 이상 부당한 대우와 차별 속에서 성장했던 자녀라는 사실입니다.

여러분, 필라리와 브래드쇼가 주목했던 것이 특히 문제아라고 말했습니다. 가족희생양 내면의 메커니즘은 죄책감입니다. 이 아들도 자신이 문제를 일으킬 때마다 죄책감을 느낄 수밖에 없었습니다. 가족들이 자신의 요구를 받아들이지 않았고, 다시금 역할에 요구되는 과도한 책임감을 부여받았을 것입니다. 이것이 필라리가 본 전형적인 희생양 내면의 패턴입니다.

필라리는 가족희생양의 패턴이 이렇게 작동된다고 보았습니다. 사실 가족희생양은 가족들에게 거부될지 모른다는 두려움과 불안을 갖고 있습니다. 버림받을지도 모른다는 두려움으로 인해 희생양 역할로부터 탈출하지 못하고 그 역할을 수행해야 합니다. 그러면서 자연스럽게 무기력에 빠지게 됩니다. 그리고 그 무기력으로 인해서 희생양 역할은 강화됩니다. 특히 문제아 같은 유형의 역할들로요. 말 그대로 악순환인 겁니다.

브래드쇼는 희생양 메커니즘은 투사와 억압이 실패했을 때 생기는 것으로, 이때 투사의 방어기제로 나타나는 것이 '기만'과 '환상'이라고 말했습니다. 다시 말해 투사의 대상으로 희생양을 만들고, 문제아로 보이는 그 희생양에 대해 "이 아이는 원래 문제아인 거예요"라고 낙인을 찍으면서 제대로 보지 못하는 거예요.

사실 그 자녀 입장에서는 정당한 요구를 하는 것이고, 당연한 자기주장일 수 있는데 그것마저도 문제아 같은 행동으로만 비쳐질 수 있다는 것입니다. 결국 기만과 환상 또한 갈등의 근본적인 원인을 해결할 수 없게 만들어 악순환으로 이어지게 합니다.

왜 희생양 메커니즘에서 투사의 방어기제가 나타나는 것일까요? 우리가 그동안 배웠던 것을 다시 정리해서 본다면 자아분화가 낮고, 자존감이 낮기 때문이라고 할 수 있습니다.

그렇다면 어린 시절 희생양 역할을 했던 자녀가 성인이 되어서 독립을 하면 희생양 역할은 끝난 걸까요? 어쩌면 어린 시절에 그랬던 것과 달리 역할이 좀 달라질 수도 있습니다. 그러나 성인이 되어 원가족을 떠난다고 해서 희생양 문제가 완전히 해결되는 것은 아닙니다. 가족희생양의 메커니즘은 다른 방식으로 반복될 수 있습니다. 자신도 모르게 부부 관계에서 오는 긴장과 갈등, 또는 가족 관계에서 오는 긴장을 해결하기 위해서 자녀들을 또 다른 희생양으로 차출할 수도 있습니다. 가족희생양의 패턴이 다음 세대로 이어질 수 있는 것이죠.

희생양의 역할을 했던 분들은 그저 과거의 일로 그치는 것이 아닙니다. 어쩌면 현재 진행형으로 그 역할을 다른 누군가에게 떠안기고 있을 수 있습니다. 이 희생양과 관련해서 또 다른 개념을 하나 더 살펴볼까요?

내가 꿈꾸지 않은 나의 꿈

헬름 스티어린Helm Stierlin은 독일의 가족상담사로, 특히 가족희생양을 아주 깊게 연구한 분입니다. 그는 "희생양의 역할을 한 자녀는 파견을 나간 것이다"라는 말을 했습니다. 희생양으로서 그 역할을 하도록 파견 근무를 나갔다는 거예요. 부모가 이루지 못한 꿈, 미해결 과제를 충족하기 위해서 파견된 것이죠.

다시 말해 부모 중 한 사람이 자신의 인생에서 미해결 과제나 실패한 욕구를 갖고 있으면 자녀는 자신도 모르게 부모가 이루지 못한 꿈을 위해서 파견될 수 있습니다. 쉽게 말해서 자녀가 가진 인생의 목표나 꿈이 자녀의 것이 아닐 수도 있는 거예요.

프랑스의 정신분석가였던 자크 라캉Jacques Lacan은 이것을 '모방 욕구mimetic desire'라는 개념으로 표현합니다. 자녀들이 가진 욕구는 자기 욕구가 아닐 수가 있고, 부모 욕망을 자기 것으로 받아들였다는 것이죠. 이런 식으로 자녀는 부모의 욕망을 자기 것으로 받아들이고 착각해서 부모가 이루지 못한 꿈을 이루고자 합니다. 이것을 스티어린은 '파견'이라고 했습니다.

예를 들어서 아버지가 사법고시에서 너무 많이 떨어져서 사법고시에 한이 맺힌 사람이라고 해보겠습니다. 당연히 그 자녀는, 그중에서도 특히 아들은 어떤 직업을 가져야 할까요? 무조건 법관입니다. 아버지의 바람대로 사법고시에 합격해서 법관이 되면 아버지에게 정말 자랑스러운 아들이 되는 것이죠.

그런데 그걸로 끝난 것이 아닙니다. 그 자녀는 이 모든 것을 아버지 덕분에 만들고 얻었지만 마음속 깊은 곳에 만족감은 떨어질 수밖에 없습니다. 자기 인생이 아닌 거예요.

반면에 이 자녀가 사법고시에 떨어지게 되면 어떻게 될까요? 사법고시에서 떨어져 아버지의 꿈을 이루지 못하면 평생 자기가 사명을 완수하지 못했다는 극심한 죄책감, 열등감, 더 나아가서 무기력감에 시달리게 될 수도 있습니다.

제가 중학교 2학년 때 저희 아버지께 원래는 고등학교를 마치고 교대를 다니려고 했다는 이야기를 듣게 되었습니다. 그런데 마침 그때 집안이 망한 거예요. 도저히 교대를 들어갈 만한 환경이 되지 못해서 아버지는 서울로 올라오시게 되었고, 이제 그곳에서 직장 생활을 하게 되었습니다.

그리고 몇 년 전 마산에 강의가 있어서 내려갔는데 그때 제가 저희 아버지가 마산상고를 나왔다는 말을 하게 되었습니다. 그러니까 그분들이 깜짝 놀라시더라고요.

아버지가 다니던 당시의 마산상고는 경남의 수재들이 다니던 학교였다고 합니다. 깜짝 놀랐어요. 저는 아버지가 그렇게 공부를 잘하는지 몰랐거든요. 그 시절 마산상고를 나온 사람들이 교대에 가는 건 어렵지 않았다고 합니다. 당시 교대는 2년제였으니까요.

강의가 끝나고 부산에 다른 특강이 있어서 부산역에서 택시를 탔습니다. 저 멀리 부산교대가 보이더라고요. 순간 중학교 때 아버지가 문득 제게 했던 그 말이 갑자기 떠올라서 저도 잠깐 제 내면을 들여다보는 시간을 가졌어요.

저는 중학생 때부터 교수가 되는 게 꿈이었습니다. 프로이트가 말하더라고요. 어린 시절의 꿈을 이룬 사람만큼 행복한 사람은 없다고. 어떻게 보면 저는 어린 시절 꿈을 이룬 행복한 사람입니다.

저희 집안에 교직에 계셨던 분들이 있었던 것도 아닌데 이상하게 저는 중학생 때부터 학자가 되고, 교수가 되고 싶다는 꿈을 가졌습니다. 그 꿈을 한시도 잊은 적이 없었습니다. 그런데 문득 택시 안에서 '왜 나는 그토록 교수가 되고 싶었을까' 생각하는 순간 중학교 때 아버지가 했던 그 말이 떠올랐습니다. 아버지는 자신이 교대에 진학하고 싶었다는 말을 제 인생에서 정말 딱 한 번 말씀하셨습니다. 그런데 그 순간 저는 저도 모르게 아버지의 이루지 못한 그 꿈을 제 것으로 받아들였던 것 같습니다.

만약 교사나 교수가 되지 못했다면 저는 제 자신을 용서하기 어려웠을지도 모르겠습니다. 열등감과 무기력 속에서 인생을 살아갔을 수도 있지 않았을까 싶어요. 그리고 저 역시 제 자녀에게 이루지 못한 꿈을 무의식적으로 기대하게 되는 일이 나타나지 않을까 생각해보기도 했습니다. 여러분, 꼭 말을 하지 않아도 자녀는 무의식적으로 부모의 욕구를 강력하게 받아들입니다.

오늘 우리가 공부한 희생양 이야기는 인류의 아주 오랜 역사와 함께 전해 내려오는 일정한 무의식적 패턴입니다. 여전히 위기에 처했을 때 위기를 해결하는 가장 기본적이면서도 손쉬운 방식이기도 하지요. 그리고 이 방식은 지금까지도 가족과 사회적 집단 안에 존재하고 있다는 것, 꼭 기억하시길 바랍니다.

7강

관계에도 구조가 있다
가족의 구조

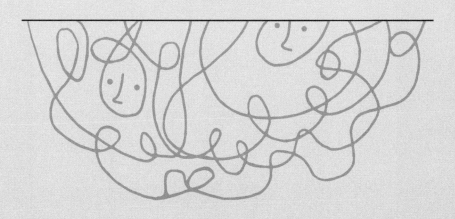

결혼 생활에서의 긴장과 직장에서의 좌절은
내가 잘못해서 발생하는 나만의 문제가 아니다.
이것은 어쩔 수 없는 우리 인생의 한 부분으로,
이러한 측면은 갈등을 구조적 원인 속에서 바라보게 만든다.
복잡한 관계 문제는 근본적인 구조의 문제와 연결된다.
미누친은 하위체계와 경계선의 개념으로 이를 설명하며,
특히 경계선은 관계 문제를 좀 더 체계적으로 보게 돕는다.

이제 우리가 배울 이론은 관계심리학에서 가장 기본적인 이론인 구조적 테라피입니다. 구조적 테라피는 가족, 직장, 학교, 사회적 모임 등 관계를 형성하는 사람들의 삶에 내재하고 있는 구조를 다룹니다.

구조적 테라피는 관계의 구조가 변하면 구성원들의 행동과 내면의 심리가 변한다고 봅니다. 프로이트는 우리 인간의 무의식이 일상, 더 나아가서 의식적 삶을 지배한다고 보았습니다. 그래서 구조적 테라피는 우리 삶의 변화를 위해서 그 뿌리가 되는 무의식을 찾아내고 변화시키는 것을 목표로 삼습니다. 하지만 구조적 테라피의 선구자인 살바도르 미누친Salvador Minuchin은 무의식으로 굳이 들어가지 않아도 우리를 둘러싼 삶의 환경과 구조가 변화한다면 내면 깊은 곳에 있는 심리적 과정 역시 변화될 수 있다고 보았습니다.

나만의 문제가 아니다

해변의 암초(Rocky Reefs by the Seashore)

(카스파르 다비드 프리드리히, 1825년 作)

여러분이 보고 있는 이 그림은 19세기 독일 낭만주의 화가 카스파르 다비드 프리드리히Caspar David Friedrich가 그린 〈해변의 암초〉라는 그림인데, 알랭 드 보통이 쓴 『알랭 드 보통의 영혼의 미술관』이라는 책에도 나오는 그림입니다.

알랭 드 보통은 19세기에 그려진 이 독일 화가의 그림에 대해서 이런 설명을 덧붙였습니다. "결혼 생활의 긴장과 직장에서의 좌절은 나만의 문제가 아니다. 우주라는 이 광대한 구조의 일부다."

저는 알랭 드 보통의 해석을 보면서 그 자리에서 바로 무릎을 쳤습니다. 저 그림은 따뜻하지 않습니다. 뾰족하고 어둡습니다. 그리고 뭔지 모를 긴장감도 느껴집니다. 어딘가로 출발한다는 느낌도 느껴지는 것 같습니다. 그런데 저 뾰족하고 따뜻하지 않은 그림이 우리의 삶을 돌아볼 수 있게 합니다.

결혼 생활에서 겪게 되는 수많은 긴장, 직장에서 겪게 되는 수많은 절망과 좌절은 나만의 문제가 아닙니다. 여기에서 저는 무릎을 칠수밖에 없었습니다. 그렇습니다. 나만의 문제가 아니에요. 어쩌면 그것은 우주라는 광대한 세상을 살아가는 우리가 겪어야 할 삶의 한 구조, 일부인 것일지도 모릅니다. 여러분들은 어떻습니까?

수년 전, 지금 제가 재직하고 있는 학교에서 진행되던 청년실업교육에 참여한 적이 있습니다. 그날 강사로 온 어느 중견기업 CEO가 이런 말을 했습니다.

"부족한 실력으로 열심히 일하면 회사와 국가를 망하게 합니다."

이 말을 듣는 순간 저는 가슴이 좀 차가워졌는데, 이분이 그러시더라고요. 자기는 회사에서 신입사원을 뽑을 때 착하고 예의 바르고, 겸손한 사람을 원하지 않는다고. 착하고 겸손하지만, 무능하고 실력이 없는 경우 그가 열심히 일할수록 회사는 더 빨리 망할 수밖에 없다는 것입니다. 실력이 있으면 성격이나 인성적인 부분은 커버할 수 있다는 것이죠. 여기서 우리는 구조의 문제에 대해서 생각해볼 필요가 있습니다.

조금 전 강사의 이야기를 가족의 문제나 대인관계의 문제로 가져와 보겠습니다. 관계 안에서 갈등과 긴장을 겪는 사람들은 자신의 문제를 해결하려 하지 않거나 그것을 방치하려고 한 사람들이 아닙니다. 오히려 힘들기 때문에 관계의 변화를 위해 더 노력합니다. 그런데 문제는 그들이 애를 쓰면 쓸수록 그 관계가 깊은 수렁에 빠져든다는 것입니다. 쉽게 말해서 동기는 좋지만 방법에 문제가 있다는 이야기입니다.

예를 들어, 행복한 가정을 꿈꾸었던 한 여성이 있습니다. 좀 더 가정적인 남편을 원했던 이 여성은 늘 남편에게 행복한 가정의 모습을 주입시킵니다. 그런데 그 방법이 남편에게는 역기능적으로 작용할 수 있습니다. 남편에게 잔소리를 하고, 윽박지르고, 남편이 야근을 하거나 일찍 출근하는 모습을 보면서 이기적이고 일밖에 모른다며 책망하고 힐난하고, 심지어 내가 얼마나 외로운지 알기는 하냐고 되물으면서 절망하고, 결국에는 먼저 이혼을 요구하게 됩니다.

여성의 입장에선 이 모든 것이 행복한 가정을 만들기 위한 노력입니다. 하지만 이런 방식은 행복한 가정은 둘째 치고 더는 가정을 유지할 수 없는 극단적인 상황으로 여성을 몰고 갑니다.

여러분, 조금 전 '실력 없는 사람들이 성실할수록 그 기업이 망한다'는 CEO의 말처럼 관계에서도 그런 냉정한 측면이 존재합니다. 나름대로 애쓰지만 구조적인 문제로 인해 오히려 갈등과 문제를 야기하는 안타까운 경우가 많습니다.

관계에도 구조가 있다

우리나라의 대표적인 동양학자, 조용헌 교수가 쓴 『조용헌의 인생독법』에는 이런 내용이 있습니다. 한 부자가 마당에 가만히 앉아 암탉이 그 앞을 왔다 갔다 하는 것을 보고 있었습니다. 그 순간 솔개가 암탉을 탁 낚아채고 날아가는 걸 보게 되었습니다. 이것을 본 부자는 '이제부터 우리 집의 재산이 축나겠구나'라고 예상하고 그때부터 재산을 하나씩 정리했다고 합니다.

이처럼 과거 우리 조상들을 비롯한 동양인들은 대체로 당장 보이는 그 순간의 장면이 그 뒤에 전개될 어떤 사태의 조짐이라고 생각하는 경향이 있었습니다. 지금도 많은 사람들에게 회자되는 '일엽지추一葉知秋'라는 말은 나뭇잎 하나가 떨어지는 것을 보고 가을이 왔다는 것을 안다는 뜻입니다. 한 가지 일을 보고 장차 오게 될 일을 짐작하게 된다는 것이죠.

얼마 전 성악설을 주장했던 순자가 했던 말을 읽게 됐는데요, 아주 의미심장합니다. "천년의 일을 알고자 한다면 오늘부터 헤아리고 억만 가지 일을 알고자 한다면 한두 가지 일부터 살피라." 억만 가지 일을 다 살피는 것이 아니라 한두 가지만 살피면 된다는 거예요.

마찬가지로 가족 전부의 일상을 CCTV로 찍을 필요도, 밀착 취재할 필요도 없습니다. 물론 그렇게 할 수도 없고요. 하지만 가족이 형성하고 있는 구조가 어떤지만 잘 살피면 그 가족의 일상과 모든 것을 파악할 수 있고, 파악이 되면 변화가 시작될 수 있습니다. 미누친역시 한 집단이 형성하고 있는 구조만 보더라도 그 일상과 미래까지 예측할 수 있다고 보았습니다.

사실 사람들 사이에서 벌어지는 관계 문제는 겉으로 드러난 것처럼 단순하지가 않습니다. 겉으로 보기엔 누군가가 가해자인 듯 보이나 사실은 피해자일 수 있고, 피해자이면서 동시에 가해자일 수도 있습니다. 이것이 다 뒤엉켜서 맞물려 있습니다. 이러한 구조를 파악하고, 객관적으로 바라보고, 그 구조를 변화시키고자 노력하면 그것이 관계의 내밀한 변화로까지 이어질 수 있는 것입니다.

관계 문제로 고통받는 사람들의 눈에는 누가 문제고, 누가 가해자고, 누가 잘못했다고 따지는 것이 중요할 수 있지만 관계심리학은 이 모든 것들을 전체적인 시각에서 바라봅니다. 관계 문제에서 벌어진 피해와 손상, 결핍에 집중하는 것이 아니라 관계 전체를 바라봄으로써 관계의 구조를 읽어낼 수 있는 것입니다.

구조적 테라피를 배우고 나면 우리는 한 가지 놀라운 선물을 받게 됩니다. 복잡한 관계의 구조를 좀 더 단순하고 명확하게 볼 수가 있게 되는 것이죠. 더 나아가서 가족뿐 아니라 직장이나 사회적 모임 등 조직에서 좀 더 명확히 구조를 파악할 수 있습니다.

미누친의 구조적 테라피는 관계가 갖는 뒤엉킨 복잡성을, '구조'라는 기틀을 통해서 단순화시킬 수 있다고 봅니다. 여기에는 언제나 관계 문제는 일정한 패턴을 형성하고 있다는 것을 전제하고 있죠.

그리고 바로 그 패턴이야말로 가족의 구조를 잘 보여주는 것이라고 할 수 있을 것 같습니다.

문제를 해결하기 위해서는 문제 자체만 들여다보는 것이 아니라 전체 흐름을 보아야 합니다. 일상의 한 장면, 한 부분에 초점을 맞추기보다는 그 안의 관계들이 형성하고 있는 전체적인 틀, 시스템을 봐야 한다는 것이 구조적 테라피의 전제입니다. 따라서 구조적 테라피의 목적은 관계를 재구조화시키는 것입니다. 물리적 공간이 일정한 구조를 갖고 있듯이, 관계의 상호작용도 일정한 구조로 이루어집니다. 미누친의 이론을 본격적으로 소개하기 전에 한 사례를 먼저 만나보겠습니다.

영희의 도둑질

초등학교 4학년 영희의 이야기입니다. 물론 가명입니다. 영희는 부모가 얼마 전에 이혼을 했고, 정부의 보조를 받아 모자원*에 들어가서 어머니와 둘이 생활하고 있습니다. 그런데 어느 날 영희가 돈을 훔치다가 잡혔습니다. 이때 어머니의 심정은 어떨까요?

---

* 모자원은 이혼을 비롯한 어떤 개인적인 사유로 인해서 어머니와 그 자녀가 남게 되었을 때 그들이 살 수 있는 주택입니다. 그곳에는 사회복지사가 체류하고 있고, 몇 년 정도 재기를 위한 준비를 할 수 있는 기회를 줍니다.

영희의 어머니는 이혼 후 낮에는 하루 종일 식당에서 일하고, 밤 늦게 집에 들어와서는 밀린 집안일을 하고 영희를 돌보며 최선을 다해 살아가고 있습니다. 그런데 영희가 도둑질을 했다는 말을 들으니 정말 가슴이 무너졌을 것입니다. 그런데 영희와 어머니 이야기 속엔 구조적 테라피의 핵심이 담겨 있어요.

영희의 가정을 한번 봅시다. 어머니와 영희가 지금 어떤 상태의 관계를 형성하고 있는지를 눈여겨보아야 합니다. 어머니는 얼마 전에 남편과 이혼했습니다. 그래서 기존의 어머니 역할뿐 아니라 가장과 아버지 역할까지 총 1인 3역을 맡게 되었습니다. 미래에 대한 두려움과 경제적인 압박감까지 몰려옵니다. 어머니의 기능이 지나치게 과중해진 것이죠.

그러다 보니 평소보다 더 많이 화를 내고 영희를 좀 더 효율적으로 통제하기 위해서 오히려 더 지나치게 통제합니다. 또는 지나치게 방임을 할 가능성도 높습니다. 영희에게 무관심하고 애정이 없어서가 아니라 자녀를 잘 키워야 한다는 극도의 과중함이 불안과 통제, 부적절한 양육 방식으로 이어진 것이죠. 자연스럽게 영희와 어머니 사이에는 서로 따뜻하게 안아주고 친밀감을 주는 등의 정서적 교류 자체가 사라지게 되었습니다.

영희의 입장에선 불안이 높아지고 굉장히 혼란스럽습니다. 그리고 영희 역시 분노가 일어납니다. 화가 나죠. 어머니는 나만 보면 늘 화를 냅니다. 영희 입장에서는 그렇게 느껴질 수밖에 없을 거예요.

영희는 자연스럽게 정서적 혼란을 경험하게 됩니다. 그리고 자신의 이런 불안과 혼란을 행동으로 표현하게 됩니다.

아동과 청소년은 자신이 갖는 내면의 감정을 언어로 표현하지 못하고 대부분 행동으로 표현합니다. 그것이 문제행동이죠. 영희는 자신의 혼란한 감정을 도벽이라는 문제행동으로 행동화했다고 볼 수 있습니다. 가뜩이나 지금 가장 역할, 먹고 사는 문제 등 신경 쓸 것이 많은데 여기에 영희가 문제행동까지 더 일으키니 어머니의 기능은 더 과중해질 수밖에 없습니다. 결국 어머니의 기능이 과중될수록 부적절한 양육 방식이 심해지고, 그럴수록 영희의 문제행동은 심해지는 말 그대로 악순환이 일어나게 됩니다.

영희의 어머니가 영희를 사랑하지 않아서가 아닙니다. 영희에게 원래 도벽이 있어서도 아닙니다. 말 그대로 구조적 문제인 것입니다.

'관계'라는 집의 구조

미누친은 미국 슬럼가의 비행청소년들과 그들의 가족을 연구했습니다. 그리고 그 슬럼가 아이들이 쉽게 범죄에 노출되면서 발생하는 가족의 문제를 관찰하며 기존에 다른 사람들이 보지 못했던 측면을 보게 되었습니다. 이것이 영희의 사례처럼 개인의 성향 문제가 아니라 빈곤가족이 처한 구조적인 문제라는 인식을 하게 된 것입니다. 미누친의 관점으로 본다면, 영희의 문제행동이나 어머니의 무관심이 문제의 원인으로 작용한 것은 아닙니다. 영희를 더 잘 키우겠다고 하는 어머니의 의욕과 그로 인한 스트레스가 악순환의 구조를 만드는 원인이 된 것입니다.

구조적 테라피의 기본 개념은 세 가지입니다. 먼저 아까 보았듯, 관계의 구조입니다. 그리고 하위체계 개념이에요. 마지막이 경계선입니다. 자, 그럼 가족의 구조를 한번 볼까요? 가족의 구조를 집에 비유하면 이렇습니다.

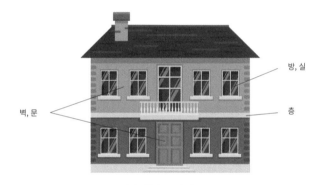

'관계'라는 집의 구조

(출처: 게티이미지뱅크)

집의 물리적 구조	가족의 상호작용 구조
방, 실 ⟶	하위체계
벽, 문 ⟶	경계선
층 ⟶	위계구조

방과 방(실) 사이는 일종의 하위체계이고요, 벽과 문은 경계선을 의미합니다. 그리고 층이 있죠. 1층, 2층은 바로 위계구조입니다.

저는 층간 소음도 너무 고통스럽고 해서 직접 설계한 단독주택에 살고 있습니다. 그 집이 한 층, 한 층 치고 올라가는 것을 지켜보면서 집의 속살도 보고, 어떤 모습으로 지어질지 기대하며 설레었던 것이 기억납니다.

집은 보기만 해도 그 구조가 분명합니다. 그런데 가족 안에 존재하는 상호작용 구조는 분명히 드러나지 않습니다. 그러나 집이 벽과 방, 층의 구분을 통해서 그 구조를 파악할 수 있듯이 가족 안의 상호작용 구조 또한 분명히 드러나진 않아도 어느 정도 파악할 수는 있습니다. 그 구조를 파악할 수 있는 방법이 바로 아까 말한 세 가지입니다. 가족의 위계구조가 어떤지, 경계선은 어떤지, 하위체계는 또 어떤지 살펴보면 가족의 상호작용 구조를 파악할 수가 있습니다.

하위체계, 역할들 간의 상호작용

우리는 가족 안에서 하나의 역할만 맡지 않습니다. 남편과 아내의 역할, 아버지와 어머니 역할, 더 나아가서 아들, 딸, 며느리, 사위 역할을 맡을 수도 있습니다. 이처럼 가족 안에서 한 사람은 하나의 역할이 아닌 여러 가지 역할로 존재합니다. 그리고 그 역할들의 상호작용을 통해서 만들어진 일정한 패턴이 가족의 구조입니다. 그래서 가족이라는 전체 구조는 그 구조를 이루는 작은 단위 역할인 하위체계를 통해 존재합니다.

맨 처음 형성되는 건 부부 하위체계입니다. 부부 하위체계의 주요 기능은 성, 사랑, 친밀감과 관련된 기능들입니다. 주요 과업은 협상과 조정, 가정 내 다른 체계의 적절한 보호입니다. 결국 가족 문제의 모든 출발은 부부 문제 아니겠습니까? 그래서 부부 하위체계가 얼마나 건강하게 작동하느냐에 따라서 그 이후에 생기는 많은 하위체계들이 영향을 받습니다.

부부 하위체계 다음은 부모 하위체계입니다. 주요 기능은 자녀의 양육, 지도와 통제입니다. 주요 과업은 자녀에게 일관된 훈육을 하는 것입니다. 그리고 자원을 지원합니다. 어쩌면 최악의 부모는 일관되지 못한 훈육을 하는 부모라 할 수 있겠습니다. 부모 하위체계는 자녀의 성장과 발달을 지원하는 과정에서 적절한 애정과 통제를 제공할 수 있는 하위체계입니다. 그리고 여기에서 자녀 하위체계가 나누어지게 됩니다.

하위체계 간에는 위계질서가 작동됩니다. 가족 간에는 분명한 위계구조가 있습니다. 그리고 그 위계질서는 존중되어야 합니다. 그래서 부모가 자녀를 훈육하고 자녀의 성장발달을 도우며 그 과정에서 필요한 권위와 통제를 적절하게 사용하는 것. 이게 또 부모와 자녀 하위체계 간의 주요 과업이라고 이야기할 수 있습니다.

마지막으로 형제자매 하위체계입니다. 주요 과업은 사회적 실험실입니다. 자녀들은 형제자매라는 관계 안에서 일종의 사회적 역할들을 훈련받게 됩니다. 서로 지지하고 분화하고, 또 기꺼이 희생하는 방법을 배웁니다. 사회성을 형성하기 위한 훈련장인 셈이죠. 여기서 자신만의 세계와 흥미를 개발, 확립하고 자신의 사생활을 보호하는 등 다양한 측면이 형제자매 하위체계에서 형성됩니다.

각각의 하위체계들은 나름대로 고유한 규칙과 기능을 가지고 있습니다. 그래서 이 네 가지 중에 하나라도 제대로 작동하지 못하면 역기능적인 가족체계가 형성되고 문제와 갈등을 야기합니다. 결론적으로 이 가족이라는 구조가 잘 작동하기 위해서는 그 안에 있는 하위체계들이 기능적으로 서로 잘 작동되어야 하는 것이죠.

경계선, 눈에 보이지 않는 장벽

가족 구조를 설명하는 마지막 개념이자 미누친의 구조적 테라피 중에서 제일 중요한 개념이 경계선입니다. 경계선을 보면, 그 구조가 어떠한지를 단번에 알 수 있습니다. 경계선은 다른 사람과 접촉하는 수준을 규제하는, 눈에 보이지 않는 장벽이에요. 위계질서는 위계와 거리를 조정하면서 가족, 개인 하위체계의 자율성을 보장하고, 가족의 규칙은 이러한 가족 내 체계들 간의 경계선을 만듭니다. 즉 경계선이 어떠한지에 따라서 가족의 구조가 바뀐다는 걸 기억하세요.

미누친의 경계선에는 대표적으로 세 가지 개념이 있습니다. 첫 번째, 명확한 경계선입니다. 명확한 경계선을 갖는 관계는 건강한 관계를 형성합니다. 고속도로를 운전할 때 각자의 차선을 갖고 가면 사고의 위험이 없는 것처럼 말이죠.

두 번째, 모호한 경계선입니다. 모호한 경계선은 경계선이 불분명한 것을 말합니다. 따라서 경계가 쉽게 침해됩니다. 차들이 차선 없이 고속도로를 달리면 어떻게 될까요? 도로가 아수라장이 되겠죠.

세 번째 경직된 경계선입니다. 경직된 경계선은 관계가 단절된 것을 말합니다. 소통도 관계도 전혀 없고 거리도 멉니다. 모호한 경계선의 정반대가 경직된 경계선입니다.

지금까지 살펴본 세 개의 경계선 개념은 구조를 체계적으로 보는 눈을 갖게 합니다. 예를 들어, 두 사람 간의 관계가 어떠한지를 살펴볼 때 일반적으로는 보통 둘 사이가 친한지, 긴장이 있는지 등의 표면적인 내용만을 살펴보지만 경계선의 개념으로 관계를 보면 전체 구조를 파악하며 살펴볼 수 있습니다.

이쯤에서 다시 한번 우리가 맨 처음 이야기했던 영희를 떠올려봅시다. 영희가 아까 어떤 상황이었는지 기억하고 계실 것입니다. 모자원에서 살고 있고, 영희의 어머니는 아이를 잘 키워야 한다는 압박감 속에 과중한 스트레스를 받고 있습니다. 그것이 부적절한 양육 방식으로 이어졌고요.

그러면 여러분한테 질문을 던져보겠습니다. 영희와 어머니 사이의 경계선은 무엇일까요? 모호한 경계선입니다. 경직된 경계선이라고 생각했던 분들도 꽤 있을 거예요. 지금 관계가 끊어진 아버지가 경직된 경계선입니다. 서로 소통하지 않고 관계가 이루어지지 않잖아요. 어머니와 영희의 관계는 모호한 경계선입니다.

어머니가 느끼는 불안과 분노, 부적절한 양육으로 인한 혼란스러움이 경계선이 약한 지금 상태에서 즉각적으로 영희에게 범람해서 쉽게 영향을 미치게 된 것입니다. 쉽게 말해서 영희는 어머니가 느끼고 있는 불안감, 부적절한 혼란을 마치 스펀지처럼 자기 것으로 빨아들인 거예요. 그러면서 영희도 혼란스러워졌던 것이죠. 그래서 이 둘의 관계야말로 모호한 경계선이라고 할 수 있습니다.

미누친의 구조적 테라피는 모호한 경계선을 명확한 경계선으로 바꾸는 작업을 합니다. 어떻게 바꿀까요? 모자원이라는 환경 속에서 어머니의 스트레스가 갑자기 0이 되기는 어렵습니다. 그래서 의사소통 방식을 바꾼다든가 가족의 규칙들을 바꾸어나갑니다. 예를 들어서 잔소리는 한 번만 하기, 어머니와 솔직한 마음의 이야기를 터놓는 날을 만들기 등 소통할 수 있는 통로들을 만들어서 상대방에게 부적절한 감정들이 넘어가고 그로 인한 오해가 벌어지지 않도록 하는 겁니다. 즉 그 경계선을 설치해주는 것이죠. 결국 영희의 문제는 모호한 경계선으로 인한 가족의 혼란이 가장 근본적인 원인이라고 정의할 수가 있습니다.

여러분도 한번 가족의 구조를 만들어보시기 바랍니다. 부모 사이에 하위체계가 어떻게 작동하고 있는지, 우리 가족의 하위체계 안에서 경계선은 어떻게 작동하고 있는지, 학교나 회사 안에서 나는 어떤 경계선을 형성하고 있는지 등 여러분도 한번쯤은 고민해보면 좋겠습니다.

8강

부부의 침대에 여섯 명이 있다

가족 트라우마

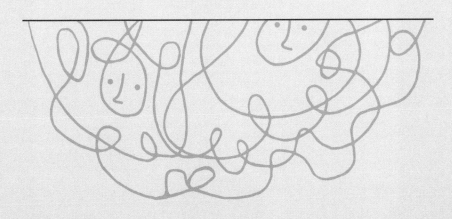

갈등에는 겉으로 드러나는 부분과 보이지 않는
부분이 존재한다. 성격 차이로 보이는 갈등 문제도 자세히
들여다보면 이전 세대와의 연결선상에서 발생한 문제다.
가족 내 발생한 트라우마는 당사자에게만 고통을 주는 것이
아니라 다음 세대에게도 어떤 식으로든지 영향을 미친다.
그래서 트라우마 가족 테라피는 원인을 알 수 없는 갈등과
문제를 깊이 있게 바라보게 하며, 시각의 폭을 넓혀
서로의 상처를 이해할 수 있는 접점을 제공한다.

트라우마 가족 테라피는 그동안 우리가 배웠던 이론들과는 조금 차이가 납니다. 그동안 우리가 배웠던 이론들이 대부분 미국과 캐나다를 중심으로 발전된 이론들이라면 이번에 살펴볼 트라우마 가족 테라피는 독일 버전입니다.

제가 다녔던 모교인 본Bonn 대학은 300년 된 영주의 성을 그대로 대학 본관으로 사용하고 있습니다. 본관에 들어가면 벽에 수많은 전사자의 이름이 빼곡하게 적혀 있습니다. 본 대학 출신으로, 학도병으로 전쟁에 끌려갔다가 전사한 수천의 젊은 병사들의 이름이에요. 그들은 모두 평범한 대학생이었지만, 전쟁이 끝나고 돌아오지 못했습니다. 저는 학교를 다니던 내내 대학 건물에 들어갈 때마다 수많은 전사자의 이름과 마주쳐야 했습니다. 여기에서 저는 독일과 한국이 비록 지구 반대편에 존재하지만 서로 연결되어 있다고 느꼈습니다. 두 국가 모두 전쟁과 분단의 아픔을 가지고 있기 때문이죠. 그래서 유사한 역사적 배경을 가지고 그 아픔과 상처를 치료하는 과정에서 만들어진 트라우마 가족 테라피가 한국에서도 의미 있는 접점을 만들지 않을까 생각합니다.

상처는 상처를 만든다

'조실부모早失父母'라는 말이 있습니다. 과거 조선 시대에 가장 불행한 트라우마에 노출됐던 사람들을 꼽는 용어라고 할 수가 있을 것 같아요. 이 말은 부모를 여의고, 이 집 저 집을 전전하면서 학대 또는 냉대 속에서 어린 시절을 보냈던 사람을 의미합니다. 저는 사회 복지 시스템이 거의 없던 조선 시대에서 어쩌면 이보다 더 비참한 운명은 없었을 거라고 생각합니다.

과거 우리 조상들은 이런 불행한 운명을 겪었던 사람들에게 세 가지 특징이 나타난다고 보았습니다. 바로 '죽, 병, 통'입니다. 죽거나, 병들거나, 도통道通하거나. 이처럼 극심한 트라우마를 극복한다 해도 어떻게든 그 흔적은 남습니다. 트라우마는 트라우마인 것이죠. 그리고 트라우마는 또 다른 트라우마를 만들어냅니다.

이 부분이 바로 트라우마 가족 테라피의 핵심입니다. 이전 세대에 있었던 트라우마가 현재와 미래의 가족들에게 전혀 생각지 못했던 또 다른 트라우마를 만드는 줄기가 됩니다. 그리고 그 줄기는 다시 또 다른 트라우마를 만들어내는 원동력이 될 수 있습니다.

조선 시대 학자인 김익의 『죽하집』에는 이런 말이 있습니다. "천하만사 가운데 근본을 버려두고 할 수 있는 일이란 없다." 즉 얽힌 실타래를 풀려면 그 중심을 풀어내야 하고, 장작불을 끄려면 장작을 제거해야 한다는 말입니다. 역시 이 부분은 트라우마 가족 테라피와 연결되는 이야기입니다.

가족 안에 갈등이 발생했을 때 근본적인 문제가 해결되지 않는 한 갈등은 다시 불거질 수 있습니다. 가족 안에 발생한 갈등을 쉽게 푸는 방법은 없습니다. 오히려 너무 쉽게 풀려고 하고, 그것을 회피하면 더 큰 문제가 생길 수 있습니다. 갈등의 근본 원인을 하나하나 풀어야 합니다. 중심을 다루어야 합니다. 트라우마 가족 테라피는 얽힘을 핵심 주제로 다룹니다. 가족사에서 발생한 얽힘을 다룸으로써 현재와 과거를 분리시키는 것이 핵심이죠.

교묘하게 반복되는 상처

제가 상담했던 한 부부의 이야기입니다. 그 부부는 심각한 경제적 문제와 함께 무능한 남편과 고생만 하는 아내라는 주제로 상담을 시작했습니다. 하지만 상담을 시작하고 진짜 문제가 드러났습니다.

어린 시절 아내의 아버지는 너무나 이기적이고, 가정 경제에 무능했습니다. 아버지는 월급을 한 번도 가족들에게 가져다준 적이 없었습니다. 모든 월급은 자신의 명품 옷과 명품 신발에 소비했고, 그래서 어머니가 힘들게 돈을 벌어 가족을 이끌어야 했다고 합니다.

아버지는 이 집안에 속한 사람임에도 불구하고 자신의 유흥만을 위해서 돈을 소비했습니다. 분명 우리 집엔 아버지가 있는데 아버지의 역할은 없는 것이죠. 거기에서 분노와 원망을 느낍니다. 하지만 어머니도 항의를 못 하는데 어린 딸이 대항할 수는 없었습니다.

이후 성인이 되어 결혼을 하고, 가정을 이루게 되었습니다. 그러자 아버지에 대한 분노와 좌절이 아주 교묘하게 남편에게로 향하기 시작했습니다. 남편에게 어린 시절 상처를 투사하게 된 것입니다.

아내에게는 남편이 아버지였습니다. 현재의 무능한 남편과 과거의 이기적이고 자기밖에 몰랐던 극단적인 아버지가 내면 안에서 합쳐지게 된 것이죠. 그래서 결국 자신도 모르게 어린 시절 분노와 좌절이 정말 교묘한 방식으로 현재의 삶에 고통을 주고 있었습니다. 이렇게 과거에 겪은 부당함과 트라우마를 해결하지 못하면 그것이 더욱 교묘한 형태로 계속 진행될 가능성이 높아집니다.

트라우마 가족 테라피는 개인의 아픔과 가족 사이의 불행에서 경험한 트라우마를 '지금 여기here and now'의 경험을 통해서 재조명할 수 있도록 합니다. 그래서 기본적으로 관계의 꼬인 실타래를 풀게 하며 동시에 나를 돌아볼 수 있는 자기분석의 경험을 제공합니다.

이런 트라우마 가족 테라피에는 세 명의 이론이 잘 녹아 있습니다. 첫 번째는 버지니아 사티어입니다. 사티어는 모레노의 사이코드라마를 보면서 거기서 아주 중요한 기법을 하나 배우게 되는데, 바로 '가족조각family sculpting*'입니다. 이 가족조각을 통해서 사티어는 현재 가족 안에서의 관계와 소통의 구조를 시각적으로 조명하고 변화·재구조화시키는 훌륭한 기법을 만들었습니다.

이후 버트 헬링거Bert Hellinger가 사티어의 가족조각 기법을 받아들였습니다. 여기에는 인간 내면에 깊이 있는 통찰을 제공한 칼 융의 시선들도 잘 녹아 있습니다.

트라우마 가족 테라피Familienstellen**의 창시자, 버트 헬링거는 한 개인이 가족 안에서 겪는 문제 또는 자신의 삶에서 경험하는 불행과 관련된 문제를 다루고자 할 때 가장 우선적으로 살펴보아야 할 것이 부정적인 삶의 패턴의 뿌리라고 할 수 있는 트라우마라고 말합니다.

많은 가족에게 존재하는 트라우마는 그 트라우마를 경험한 피해

---

* 조각가가 돌을 쪼개서 하나의 조각을 만들어가듯 다양한 신체적 자세와 위치 등으로 가족 관계 패턴을 만들어가는 기법입니다. 이 기법은 몸짓, 서 있는 자세와 위치, 표정 등을 통해서 관계 패턴을 파악하는 것으로, 관계 문제를 갖고 상담실을 찾은 사람들이 그동안 유지해온 관계 패턴은 무엇인지 눈으로 직접 볼 수 있게 해줍니다. 가족조각은 직접 가족들이 참여하거나 인형으로 대신하기도 합니다.

** 'Familienstellen'을 직역하면, '가족세우기'라고 할 수 있습니다. 트라우마 가족 테라피는 Familienstellen의 의역입니다.

자였던 사람들이나 트라우마의 가해자였던 사람들이 이미 다 사라졌음에도 불구하고 여전히 가족 안에서 지속적으로 영향을 미치고 있을 수 있습니다.

가족이라는 상처와 갈등의 연장선

부부 갈등으로 힘들어하는 한 부부가 있었습니다. 서로 상대방을 못된 사람, 사기꾼, 거짓말쟁이라 하고, "이 사람 때문에 내 인생이 망했다"고 말하면서 한탄하고 원망했습니다. 그리고 자신이 이 결혼 생활의 피해자였음을 강력하게 호소했습니다. 이러한 장면은 사실 부부 상담을 할 때 가장 흔하게 볼 수 있는 장면이기도 합니다.

저는 이런 부부들을 상담할 때면 이런 생각들이 듭니다.

'어린아이도 아닌 성인들이 이렇게 터무니없이 일방적으로 피해를 받았다고만 하는 모습이 과연 상식적인가?', '저 분은 교육도 잘 받고, 대단히 지적이고, 사회에서도 만만치 않은 내공을 가진 분인데 결혼 생활에서는 자신이 철저하게 망했고, 그 원인이 모두 배우자에게 있다고만 한다. 저 말이 모두 사실일까?'

부부 상담을 하면, 대부분 자신의 감정과 생각이 더 옳다는 것을 상대 배우자에게 설득하고 싶어 합니다. 그래서 "잠깐만, 내 말 좀 들어, 그만 좀 말해, 나도 말해야 돼"와 같은 말들을 자주 씁니다.

그렇지만 상담을 하다 보면 분명 갈등의 가해자인 줄 알았던 사람이 사실은 피해자였다는 것을 알게 됩니다. 사실 가해자가 이 가족들에게 가장 고통받는 피해자, 즉 희생양이었을 수도 있다는 것을 발견하고 정말 소름끼칠 때가 많습니다.

독일의 가족상담사인 프란츠 루퍼트Franz Ruppert는 "인간의 정신은 여러 세대에 걸친 현상이다"라고 말했습니다. 한 사람이 지니고 있는 심각한 육체적·정신적 문제는 여러 세대에 걸쳐 얽히고설킨 애착 관계의 결과일 때가 아주 많습니다. 이런 문제가 불행한 결혼 생활과 고통스러운 가족 갈등을 바라보는 잘못된 시선을 만들고는 하는데, 이것을 심리학에서는 '투사'라고 합니다. (앞에서도 몇 번 이야기했었죠?) 자신도 모르게 그 모든 원인을 외부로 돌리는 것입니다.

물론 이 사람 때문에 내 인생이 망했고, 나는 부족한 것이 없는데 저런 사람을 만나는 바람에 내가 이런 고통을 받게 되었다는 생각 자체가 잘못된 것이 아닐 때도 있습니다. 그런데 항상 상대방의 불성실함과 무능함만이 고통의 주범은 아닐 수도 있습니다. 내가 그런 사람을 선택했고, 나도 모르게 마치 손뼉을 마주치는 것처럼 지속적으로 역기능적인 상호작용을 해왔기 때문일 수도 있는 것입니다. 바로 여기서 우리는 이전 세대를 한번 살펴보아야 합니다.

가족 갈등은 한 가지 색으로만 도색할 수 없습니다. 드러난 문제와 숨겨진 이면의 문제들이 다양하게 얽혀 있습니다. 그래서 개인이나 가족을 대상으로 한 상담에는 전제가 하나 있습니다. 그들이 가진 문제에 각자의 전통이나 낡은 규칙 속에서 투사나 전이가 영향을 미치고 있는지를 반드시 파악해야 한다는 거예요. 드러나는 부분만이 아니라 그 이면에 숨겨져 있는 맥락을 보아야 합니다.

제가 잊지 못하는 한 상담 사례가 있습니다. 이혼 직전의 부부가 상담을 받으러 왔습니다. 아내는 남편이 일 중독이고 오로지 직장 일에만 몰두하며 가족을 등한시하는 것을 참을 수가 없다고 했고, 남편은 자신의 단점을 일러바치듯이 이야기하는 아내를 묵묵히 보고만 있었습니다. 그렇게 아내는 상담 내내 그동안 남편에게 쌓여 있던 울분을 그냥 털어놓았습니다. 그리고는 상담이 끝나자마자 아내는 상담자인 제게 인사하고 곧바로 문을 열고 나갔습니다.

그런데 남편이 아내가 놓고 간 가방을 조용히 챙겨서 들고 나가는 거예요. 저는 그 장면을 보면서 이 부부가 가진 관계 패턴의 한 단면을 볼 수 있었습니다.

아내 입장에서 남편은 정말 못된 사람이고 더는 같이 살 수 없는 사람입니다. 그러나 남편은 그런 아내를 지지하고, 보이지 않는 곳에서 아내를 위해 헌신하고 있었던 것입니다.

가족은 단순히 아버지, 어머니, 자녀로 이루어지지 않습니다. 오랜 세월에 걸쳐 형성된 여러 세대들의 체계로서 고유한 규칙과 기대, 의무를 가지고 있습니다. 따라서 가족이란 수 세대를 거쳐 내려오는 그들의 케케묵은 역사와 갈등, 상처의 연장선상에서 태어난 집단이라는 것을 기억하시길 바랍니다.

가족은 분명 두 남녀가 배우자를 선택하는 것으로 시작하지만 두 남녀의 선택과 동시에 이전 세대에서 수없이 반복되고 해결되지 않은 상처들 역시 함께 선택되는 것입니다.

미국에 토네이도를 일으킨 브라질 나비

수년 전 한 30대 여성이 제게 다급하게 상담을 받으러 왔습니다. 정말 갑작스럽게 상담 요청을 했던 기억이 납니다. 그 여성은 거의 공황상태였는데, 이미 상담실에 들어왔을 때부터 눈가에 잔뜩 눈물을 흘린 자국이 있었습니다. 그래서 도대체 이 사람에게 무슨 일이 있었는지 조심스럽게 물으며 이야기를 나누게 되었습니다.

여성은 얼마 전 아주 오래 정신병을 앓았던 오빠가 아버지를 살해하고 언니에게 큰 부상을 입혀 교도소에 수감되었다는 이야기를 털어놓았습니다. 여성은 갑작스러운 아버지의 죽음과 언니의 부상, 그리고 더 나아가서는 자기가 막을 수 있었을지도 모를 이 사태를 막지 못한 것에 대한 깊은 죄책감과 수치심을 안고 있었습니다. 그리고 오빠가 분명히 정신병을 문제로 삼아 심신 미약으로 금방 풀려날 것이고, 그렇게 되면 하나 남은 유일한 가족인 자기를 찾아오지 않을까 하는 극심한 공포도 느끼고 있었습니다. 정말 참담한 일이었습니다. 저는 이 가족에게 도대체 이 사건 이전에 어떤 일이 있었는지를 묻지 않을 수 없었습니다.

이야기는 거슬러 올라가서 어머니의 이야기부터 시작합니다. 아주 어린 시절 어머니는 가족을 위해서 대단히 헌신했지만, 아버지는 외도를 비롯해서 많은 사고를 치고 다니면서 가족들을 힘들게 했습니다. 그러다가 어머니가 쓰러지게 되었고, 병원에 갔을 땐 급성 뇌질환으로 이어져 이미 늦은 상태가 되었습니다. 의사는 아버지에게 산소 호흡기를 그냥 뗄 것인지, 가망 없는 치료를 계속할 것인지를 물었다고 합니다.

그때서야 아버지는 결혼 생활 내내 아내에게 했던 자신의 행동을 돌아보면서 극심한 수치심과 죄책감을 느끼게 되었습니다. 아내의 죽음을 받아들이기 어려웠던 것이죠. 그래서 아버지는 의사와 주변 사람들의 만류에도 어머니의 연명 치료를 결정했습니다.

어머니의 치료 때문에 경제적으로 어려워지기 시작하자 아버지는 어머니를 병원에서 집으로 데려왔습니다. 이후 치료비를 벌기 위해 아버지는 직장 생활을 해야만 했고, 결국 어린 자녀들이 간병인 역할을 하게 되었습니다. 그게 여성의 오빠와 언니였다고 합니다.

오빠와 언니는 어린 시절부터 어머니를 간병인처럼 돌보아야 했습니다. 청소년으로서 생기는 욕구는 모두 억압된 채 그저 어린 중학생이었던 두 자녀가 순번제로 어머니를 돌본 것입니다. 막내였던 여성만이 이 문제에서 자유로웠습니다. 그래서 이 가족에서 유일하게 남들과 같이 평범하고 건강한 삶을 살 수 있었던 것은 이 여성밖에 없었습니다.

장기간의 간병인 역할로 인해 오빠와 언니는 심각한 우울증을 겪게 되었고, 이것이 정신분열 초기로 진행됐다가 편집증으로까지 이어지게 되었습니다. 그러다가 급기야 얼마 전 오빠가 아버지를 살해하고 언니를 다치게 한 참담한 결과를 가져오게 된 것이었습니다.

가족은 무의식적으로 여러 가지를 공유합니다. 가족 안에 있는 수많은 감정, 욕구, 생각, 신념 등 다양한 것을 공유하지요. 그래서 무의식적으로 가족과 연결되어 가족의 아픔과 갈등을 표현하는 역할을 수행하기도 합니다.

우리에게도 익숙한 이론 중에 '나비효과butterfly effect'라는 이론이 있습니다. 브라질에 있는 나비 하나가 날갯짓을 하면 그것이 복잡한 기후 메커니즘을 거치면서 미국 벌판 한가운데에 토네이도를 일으키는 씨앗이 될 수 있다고 보는 이론입니다.

나비효과는 가족 안에서도 정말 수없이 발생합니다. 가족 안에서 벌어졌던 나비의 날갯짓과도 같은 작은 사건들이 다음 세대, 또 그다음 세대에 엄청난 돌풍을 일으키는 씨앗이 될 수 있습니다.

저는 이 여성의 가족사를 들으며 나비효과가 떠올랐습니다. 오래전 아버지는 가정에 소홀했고 아내를 고생시켰습니다. 그 후 아내의 죽음을 받아들일 것인지, 말 것인지를 결정해야 했습니다. 그래서 연명 치료를 선택했지만 결국 아내는 세상을 떠났고, 어머니를 간호하던 두 자녀는 정신병에 걸리게 되었습니다. 그리고 그들의 인생은 사라졌습니다.

이처럼 가족 안에서도 당장은 눈에 보이지 않는 작은 결정과 판단, 선택이 나비효과를 통해 행복을 가져올 수도, 참담한 결과를 가져올 수도 있습니다.

한 가족이 가진 유대감, 친밀감, 건강한 소통, 적절한 경계선, 기능적인 가족 규칙 등은 그 가족들이 잘 만들어낸 결과물이 아닙니다. 이미 행복한 관계를 만들어낼 수 있는 정서적 유산이 부모 세대, 조부모 세대, 어쩌면 그보다 더 위의 세대로부터 내려온 것입니다. 그래서 나의 인생이 나만의 것이 아니라 자식과 그 후손들의 삶에 많은 영향을 미칠 수 있다는 것을 알아야 합니다. 우리가 형성하는 관계 안에는 나의 인생과 내가 맺은 관계만이 있는 것이 아닙니다.

프로이트는 "부부의 침대에는 두 사람만 있는 것이 아니라 최소 여섯 명이 있다"는 말을 한 적이 있습니다. 부부가 침대에 누워 있지만 그 침대에는 부부만 누워 있는 게 아니라는 것이죠. 그 여섯 명은 누구일까요? 부부, 그리고 부부 각자의 부모입니다. 이 부부에게 삶의 방식과 친밀감의 방식, 정서적 소통 방식을 전수하고 같이 공유했던 부모가 그 침대에 함께 누워 있습니다.

우리의 꿈, 욕구, 정체성, 고통, 갈등에 현재 가지고 있는 문제만 영향을 미치는 것은 아닙니다. 우리 조상의 출신, 이분들이 걸었던 인생의 여정, 갈망, 신념, 그리고 부모님이 우리의 어깨 위에 올려놓은 모든 꿈과 절망들까지 모든 것들이 우리의 삶을 만들었습니다.

어쩌면 우리는 태어났을 때 흰 도화지에 내 인생을 조금씩 그려 가는 것이 아니라 이미 인생이라는 도화지의 절반이 채워진 채 태어나는 것인지도 모릅니다.

무의식적으로 전염되는 감정

나치가 정권을 잡고, 서서히 유대인들을 압박하면서 전 세계에 있던 많은 지인이 유대인이었던 프로이트를 염려했습니다. 그래서 돈을 모아서 나치 정부에 헌납을 했고, 프로이트와 그의 가족이 풀려나게 되었죠.

하지만 이로 인해 결국 프로이트는 평생 살았던 자기 고향을 떠나야 하는 처지에 놓이게 되었습니다. 새벽에 기차를 타고 영국으로 망명을 떠나는 긴 여정을 앞두고 프로이트에게는 오만 가지 감정과 상념들이 엄습해왔을 거예요.

그렇게 기차 출발을 기다리고 있는데, 20년 넘게 프로이트 집안의 하녀였던 한 여성이 기차역에 배웅하러 와서는 프로이트와 그 가족을 보고 엉엉 울기 시작했습니다. 주변 사람들이 그만 울라고 다그치며 아무리 이야기를 해도 그녀는 울음을 멈추지 않았습니다.

정말 울고 싶은 사람들은 누구였을까요? 프로이트와 그 가족 아니겠습니까? 유대인이라는 이유 하나만으로 모든 것을 내려놓고 도망치듯, 아니 쫓겨나듯 고향을 떠나야 했으니까요. 하지만 그들은 차마 울 수 없었습니다. 자신의 감정을 억누르면서 강해져야만 했습니다. 그래서 울고 싶지만 울 수 없었던 프로이트와 그의 가족들을 대신해 하녀가 대신 울어준 겁니다. 어쩌면 그 하녀는 이 가족에게 가족과 같은 역할을 한 것은 아니었을까 생각합니다. 정신분석 역사의 한 페이지에 기록된 작은 에피소드였습니다.

가족 안에서 이런 일이 얼마나 많이 벌어집니까? 누군가 울고 싶은데 울지 못할 때 대신 울어주고, 가득 차 있는 분노를 해결할 수 없을 때 누군가 분노를 대신 해소해주기도 합니다. 이처럼 가족 안에서 감정은 무의식적으로 교류되는 것뿐 아니라 전염됩니다.

가족 안에서의 감정은 정말 강력한 전염성을 갖습니다. 누군가 강력하게 불안을 느끼면 이 불안은 가족 전체로 퍼져나가 가족 전체가 불안에 휩싸이게 됩니다. 그러면 가족 전체가 불안을 흡수하게 되죠. 가족이 하나의 여과 장치가 되어서 개인의 감정을 걸러주고 완화시키는 역할을 하는 겁니다. 한 사람의 인생에서 발생한 문제가 더는 개인의 문제가 아니라 가족 전체의 문제가 될 수가 있습니다. 그래서 때로는 내가 경험해보지 않았던 감정들을 끌어내거나 해소해야 하는 문제를 갖기도 합니다.

가족의 카르마

오래전 저에게 상담을 받았던 한 30대 남성이 있습니다. 이 남성도 정말 너무 급하게 상담을 요청하는 바람에 스케줄을 겨우 맞춰서 상담을 하게 되었던 기억이 나네요.

이 남성은 5일째 한숨도 자지 못하고 있었습니다. 사연을 들어보니, 5일 전 이 남성은 여자친구와 늦게까지 술을 마신 뒤 같이 모텔에서 잠을 잤다고 합니다. 그런데 두 사람 사이에 관계가 있었는지 모르겠다는 거예요. 그 후 남성은 잠을 잘 수가 없었고, 갑자기 알 수 없는 수치심과 죄책감으로 공황상태까지 이르게 되었습니다.

평범하고 건장한 30대 남성이라면 여자친구와의 하룻밤에 이렇게 고통을 받지는 않습니다. 그래서 그의 어린 시절에 대해 들어보기로 했죠. 그리고 이 남성은 한 가지 이야기를 제게 털어놓았습니다.

남성은 어렸을 때 아버지와 떨어져 같이 살았습니다. 아버지는 그 당시 외국에서 일하고 있었고요. 그리고 여섯 살 때 처음으로 아버지를 보았답니다. 아버지를 '소개'받은 거예요. 그래서 그때부터 이제 아버지까지 함께 살게 되었습니다.

그러던 어느 날 아버지와 다른 여성 사이에 있어서는 안 될 일이 벌어지고 있는 것을 목격하게 되었습니다. 어린 나이였지만 남성은 이 사실을 받아들일 수도, 이해할 수도 없었습니다. 그저 이 광경을 잊어버리려고 무던히 애를 썼습니다. 꾹꾹 눌러서 그가 목격했던 장면, 기억, 느낌을 그의 무의식 저편에 밀봉해버렸습니다. 그런데 이제 그가 30대가 되고 우연히 여자친구와 하룻밤을 보내게 되었을 때, 밀봉되어 있던 과거의 상처가 깨어나게 된 것입니다.

엄밀하게 말하면 그가 느끼고 있는 엄청난 수치심과 죄책감 같은 극도로 부정적인 감정들은 그가 그 상황을 목격하게 되었던 어린 시절에 생긴 것이 아닙니다. 바로 아버지와 그 여성의 삶에서 온 것이죠. 그들의 것입니다. 하지만 이 남성은 그 모든 것이 바로 자신의 행위였고, 자신의 일이었고, 자신이 만든 결과인 것처럼 고통을 받게 되었습니다. 가족 안에는 네 것, 내 것이 없습니다. 이러한 메커니즘이 작동하고 있기 때문에 가족사에서 벌어진 과거의 수많은 아픔과 갈등, 트라우마가 여전히 현재 삶에서도 지속될 수 있고 내 삶에 영향을 미칠 수 있습니다.

칼 융은 "나는 부모와 조부모, 그리고 더 먼 조상들이 완성하지 못하거나 해결하지 못한 채 남겨놓은 일과 문제에 영향을 받고 있음을 아주 강하게 느낀다. 부모로부터 아이들에게 넘겨진 카르마가 가족들에게 존재한다는 생각이 자주 든다"고 이야기했습니다. 그래서 융은 이전 세대에 물려받았던 카르마를 자녀 세대에 물려주지 않는 것이 좋은 부모라고 이야기했습니다.

'카르마karma'는 칼 융이 말했던 '응보應報'를 가리키는 산스크리트어 '카르만karman'의 의역입니다. 이것을 트라우마 가족 테라피에서는 '얽힘'이라고 표현하죠. 대부분의 가족 문제는 그 원인이 한 가지가 아닐 때가 많습니다. 생각지도 못했던, 이전 세대부터 연결된 다양한 원인들이 거미줄처럼 복잡하게 얽혀 있습니다.

따라서 이 트라우마 가족 테라피는 불행한 가족에게는 일정한 패턴이 있다고 전제합니다. 우리가 학교에 와서 강의를 들을 때 자리를 잡는 것만 보아도 일정한 패턴이 있습니다. 앉는 데만 앉을 거예요. 그렇죠? 교회나 성당에서 예배를 드릴 때도 자주 앉는 나만의 지정 좌석 같은 것이 있을 거예요. 식당도 마찬가지고요. 이처럼 일상에서도 일정한 행동의 동선이 존재하듯이 불행한 가족에게도 일정한 불행의 패턴이 존재합니다. 바로 이 불행의 패턴을 파악하는 것이 트라우마 가족 테라피의 중요한 접근 방법입니다.

헬링거는 바로 이 불행의 패턴, 얽힘에는 세 가지 주제가 있다고 보았습니다. 가족 간 전이, 세대 간 전이, 공간 간 전이입니다. 가족 간 전이는 삶의 고통스러운 문제와 제대로 처리되지 못한 감정이 한 가족에게서 다른 가족 구성원들에게 옮겨가는 걸 말하고, 세대 간 전이는 불행의 문제가 한 세대에서 다음 세대로 이동하는 현상을 말합니다. 공간 간 전이는 공간 안에서 고통스러운 기억이 반복되는 것입니다.

가족 간 전이

헬링거는 불행한 가족 관계에는 언제나 전이가 발생한다고 말합니다. 전이는 과거에 관계를 맺었던 사람에게 느꼈던 감정을 현재 상대에게 투사하는 걸 의미합니다. 이런 가족 간 전이에는 '가족의 비밀'과 '가족의 신화'가 있습니다.

가족의 비밀은 가족의 아픈 기억을 묻어두는 것을 말합니다. 과거에 일어났고 아직까지도 일어나고 있지만 모두가 알면서도 아무도 거론하지 않는 것, 이것이 가족의 비밀입니다.

일본 닛코 도쇼구에 있는 세 원숭이
(출처: 게티이미지뱅크)

일본의 한 사원에는 '보지 마, 듣지 마, 말하지 마'를 의미하는 유명한 원숭이상이 있다고 합니다. 이 원숭이들이 보여주는 메커니즘을 가족에 적용하면 그것이 바로 가족의 비밀입니다.

가족들은 비밀을 통해 자신들이 보고 느끼는 것을 부인하도록 암묵적으로 교육받습니다. 그러나 사실 부인한다고 해서 잊히는 게 아니잖아요. 그래서 그 가족들 안에는 수치심과 죄책감이 '정서적 한센

병'으로 변형되어서 남습니다. 한센병에 걸린 사람은 신경세포가 죽었기 때문에 자신의 몸의 일부가 떨어져 나와도 고통을 모릅니다. 그것처럼 정서적 마비 상태를 만드는 것이 가족의 비밀입니다.

가족의 비밀은 가족체계를 유지하고 변화시키지 않기 위한 수단이기도 합니다. 변화에 대한 두려움이 가족으로 하여금 고통스러운 과거와 문제에 대해서 부인하도록 만든 것입니다.

가족 간 전이가 두 번째로 만들어내는 것이 바로 가족의 신화입니다. 가족의 신화는 가족의 역사를 덧칠합니다. 쉽게 말해서 합의된 거짓말이에요. 부정적인 기억을 삭제하고 긍정적인 사건과 기억을 과장합니다. '우리는 행복한 가족이에요, 우리는 화목합니다, 우리 가족은 서로 아껴줘요, 저는 어린 시절 고생 하나도 안 하고 행복하게 자랐어요'와 같은 말은 전형적인 가족의 신화입니다.

사실 우리는 행복한 가정이 어떤 모습인지 알고 있습니다. 그래서 가족의 신화에 따라 행복한 가족과 부부의 모습을 애써 연출합니다. 그러면서 행복하다고 말하고 또 그렇게 믿습니다. 그런데 행복이란 감정은 연출한다고 해서 만들어지는 것이 아닙니다. 감정은 진실하거든요. 별문제 없고 행복하다고 말하면서 실제로는 행복하지 않다는 사실을 받아들이기 어려워할 수 있습니다. 이른바 '쇼윈도 부부'도 이런 맥락입니다.

세대 간 전이

가족 간에 발생한 트라우마는 마치 도미노처럼 전혀 생각지 못했던 얽힘을 만들어냅니다. 처음에는 가해자 한 명, 피해자도 한 명이었던 것이 시간이 지날수록 여러 명의 피해자를 만들어낼 수 있습니다. 물론 가해자는 여전히 한 명이고요.

세대 간 전이를 짧게 설명하면 이렇습니다. 천문학에서는 시간과 공간의 지평이 굉장히 넓습니다. 내가 지금 망원경으로 보고 있는 조그마하고 희미한 별빛은 수천 년 전부터 내려오는 빛입니다. 지구와 하늘 사이 거리로 인해 우리는 수천 년 전 반사되었던 별빛을 보는 것이죠.

우리가 사는 은하계 가장 근처에 있는 은하가 안드로메다은하입니다. 안드로메다은하의 별들이 우리은하와 지구까지 오려면 아무리 빨라도 수백만 년은 걸립니다. 지금 우리 눈에 보이는 별들은 어쩌면 400만 년 전, 혹은 그 이전에 이미 소멸한 별들일 수도 있습니다. 그런데 이런 메커니즘은 가족 간에도 발생합니다.

즉 한 가족의 역기능, 불균형, 관계의 착취와 왜곡, 학대, 방임, 중독, 폭력 등은 겉보기에는 현재 문제인 것 같지만 이미 수 세대를 거쳐 진행되고 있는 악순환의 패턴이라는 것입니다.

공간 간 전이

트라우마는 가족이 아닌 다른 조직에서도 발생할 수 있습니다. 『부자의 방』을 쓴 건축사 야노 케이조는 영국의 생화학자 루퍼트 셸드레이크Rupert Sheldrake의 '형태장morphic field' 이론을 통해 공간의 기억이 존재한다고 말합니다. 이 이론은 특정한 장소에서 그전에 없던 일이 한 번 발생하면 앞으로도 그곳에서 같은 일이 계속해서 발생할 수 있다고 하는 건데, 이러한 공간의 기억은 우리 주변에서도 쉽게 찾아볼 수 있습니다.

그 예로, 케이조는 분명 유동 인구가 많은 거리 한복판에 있는 상가인데도 그곳에 들어오는 모든 가게가 망해서 나가는 경우 이러한 '형태공명morphic resonance*'이 이루어진 결과라고 보았습니다. 이상하게 그 회의를 하면 이상하게 싸움이 자주 발생하는 특정 회의실도 한 예로 들었습니다.

앞서 잠깐 말씀드렸지만 저는 몇 년 전 충간 소음 등의 문제로 살집을 직접 짓고 살고 있습니다. 그래서 땅을 구입한 뒤 본격적으로 집을 짓기 전, 잠시 전월세로 아파트에 들어가서 살았습니다. 넓은 거실에 시원하게 열린 전망이 무척이나 마음에 든 아파트였어요. 너무 마음에 들어서 전월세가 아니라 그냥 사고 싶을 정도였습니다.

그런데 크리스마스 전날, 가족들과 조촐한 파티를 하면서 즐겁게

---

* 반복해서 발생하는 사례로, 영국 텃새인 푸른박새가 있습니다. 푸른박새가 우유병의 뚜껑을 부리로 쪼아 우유를 먹는 방법을 알게 되자 이것이 금세 다른 지역의 박새들에게 전파되어 모든 박새들이 우유병을 쪼게 되었다고 합니다. 박새의 활동 범위는 15킬로미터를 넘지 않는데 이런 일이 발생한 것은 보이지 않게 서로 연결해주는 '형태공명'이 이루어진 결과라고 셸드레이크는 설명합니다.

웃고 떠드는데 갑자기 초인종이 울렸습니다. 너무 시끄럽다고 윗집에서 항의를 한 거예요. 층간 소음 문제는 보통 아래층에서 발생하는데 말이죠. 저희는 굉장히 당황스러웠고, 얼마 전에 이사 온 사람에게도 쉽게 항의를 하는 모습에 조금 불쾌했습니다. 결국 윗집과는 서먹서먹한 관계가 되었습니다.

그런 일이 있고 나서 얼마 후, 부동산 사장님을 통해 모든 전말을 알게 되었습니다. 이전에 살던 사람이 수없이 민원을 제기하던 이른바 트러블 메이커였다는 거예요. 특히 윗집에 계속 민원을 넣어서 법정 다툼까지 갔었고, 그래서 무척 고생을 했다고 합니다.

여기에 형태장 이론을 적용해보면 이전에 살던 사람이 이사를 갔다고 해서 윗집의 고통스러웠던 층간 소음 문제가 끝난 것이 아니었던 것입니다. 분명 새로운 사람들이 들어왔지만 고통스러웠던 기억으로 인해 윗집 사람은 이전 사람들에게 하던 식으로 공격적인 자세를 취했던 것이죠. 여전히 그들의 기억 속에 아래층 사람들에 대한 기억은 달라지지 않았던 셈입니다.

이처럼 가족이 아닌 사회 조직 또는 공간 안에서도 이전의 고통스러운 기억이 계속 반복될 수 있습니다. 특히 집단이 아닌 특정 공간 안에서도 트라우마라는 도미노는 여전히 작동되고 있습니다.

9강

존중받고 인정받고 싶다는 욕구

권력

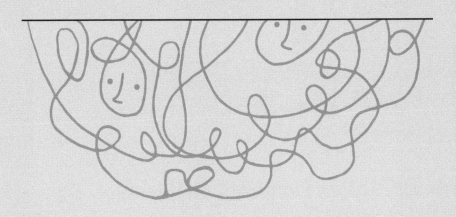

헤일리의 전략적 테라피는 두 사람 이상의 집단 내에
'권력다툼'이 존재하며, 이로 인해 갈등이 발생한다고 본다.
가족을 비롯한 모든 집단에는 힘이 필요하고,
여기에는 긴장과 갈등이 내재한다.
그래서 관계 문제를 해결하기 위해 전략적 접근을 시도한다.
헤일리의 전략적 테라피에 대해서 권력이라는 주제를
의사소통과 연결하여 설명한다.

'전략'이라는 말은 그리스어로 전략을 뜻하는 '스트라테기아strategia'에 그 어원을 두고 있습니다. 승리를 위해서 일을 계획하고, 조직을 세우는 모든 방책이 전략을 의미합니다.

남자 화장실에 가보면 소변기가 있습니다. 그 소변기를 보면 종종 문구들을 볼 수 있습니다. '조금 가까이에서 볼일을 보세요' 아니면 민망하지만 '정확하게 겨냥해주세요' 등 청소하시는 분들이 소변기가 너무 더러우니까 이런 문구를 붙여 놓았습니다.

그런데 특히 공중화장실은 많은 사람이 이용하다 보니까 금방 더러워집니다. 그래서 남자 화장실의 경우 소변기를 이용하는 남성들이 좀 더 깨끗하게 이용하도록 남성들의 심리를 활용한 아이디어를 짰는데요.

남자화장실 소변기 파리 그림

바로 파리입니다. 화장실에는 날벌레들이 많이 있잖아요. 그런데 남성들에게는 그 날벌레들을 쏘고 싶은 사냥 본능이 있을 수 있습니다. 바로 그 본능을 활용한 아이디어가 대한민국의 공중화장실, 특히 남자 화장실을 거의 휩쓸다시피 했죠. 그 어떤 문구도 없이 파리 스티커 한 장을 통해서 소변기를 더 깨끗하게 사용하게 되었습니다.

결국 관리자는 그 스티커 한 장을 통해서 기대 이상의 효과를 얻고 있는 것입니다. 어떤 목적을 성취하기 위해서 일종의 전략적 접근을 한 것이죠.

실패를 예상하는 것도 전략이다

바로 이런 전략적 접근을 통해서 관계를 해결하려고 하는 것이 전략적 테라피입니다. 이 전략적 테라피를 만든 사람은 제이 헤일리Jay Haley입니다. 헤일리의 이론을 다른 말로 '문제 중심 테라피'라고도 이야기합니다. 쉽게 말해서 직접적으로 관계 문제만 해결하는 것이 가장 기본이 되는 것입니다.

관계 문제로 상담을 받으러 와서 해결에 실패하는 경우도 많이 있습니다. 상담실에 온다고 해서 성공률이 무조건 100퍼센트인 것은 아닙니다. 세 가족이 상담해서 그중에 두 가족이 해결되는 것만으로도 대단히 높은 성공률입니다.

상담을 진행했으나 실패했을 때 상담자들은 이걸 어떻게 받아들이는가 하면 '실패했다'가 아니라 '변화에 저항했다'라고 받아들입니다. 결국 말로는 변화하겠다고 했지만 정작 그 변화를 구성원들은 받아들이려고 하지 않았다고 보는 것입니다.

여기서 헤일리는 이렇게 생각합니다. 갈등의 당사자들이 저항을 해서 상담이 실패했던 것도 상담자의 몫이라는 것이죠. 변화에 저항하는 모습도 염두에 두었어야 하고, 전략 속에 포함을 시켰어야 한다고 주장합니다. 그래서 갈등 당사자의 저항마저도 활용하자는 주장이 바로 헤일리의 전략적 테라피입니다.

헤일리는 갈등과 문제를 불운처럼 일시적으로 찾아온 힘든 사건으로만 보지 않습니다. 하나의 관계 안에서 발생하는 갈등은 우연에 의한 불운이 아닌 것입니다. 그는 갈등을 관계체계의 역기능이 드러난 것으로 이해했습니다. 즉 관계가 가진 역기능적인 상호작용이 나타나게 된 것이라고 보는 것이죠. 이것은 관계 문제를 보는 체계론적 관점이라고도 할 수 있습니다.

이 전략적 테라피는 우리가 초반에 배웠던 베이트슨의 이중구속이론을 기반으로 합니다. 1960년에 헤일리가 이 이중구속이론을 기반으로 가족이 가진 소통의 역기능을 탐색하고 본격적으로 발전시키면서 전략적 테라피가 만들어지게 되었습니다. 이때 전략이란 건 충분히 면밀하게 관찰하고, 그에 대한 대응을 아주 세심하게 계획하는 것입니다. 그래서 헤일리가 말한 전략적 테라피는 어떤 이론보다도 계획적입니다.

우리가 가장 고통스러울 때

저는 여러 학회에 소속되어 있고, 1년에 몇 번씩 학회에 참석해 정보를 교류하는 만남의 장을 갖습니다. 이때 누군가 나를 반갑게 맞아주면서 최근 제 활동에 대해서 물어보고 좋은 말까지 해주면 저도 행복해집니다. 그래서 목소리도 높아지고 마치 어린아이처럼 밝아져요.

하지만 그저 형식적인 악수만 하고, 건성으로 안부를 묻고, 저에 대해서 큰 관심을 기울이지 않는 모습을 보면 (실망까지는 아니지만) 저도 마찬가지로 무덤덤해집니다.

어디나 그렇지만 사실 학회에서도 화제의 주인공이 있기 마련입니다. 최근 각광받는 연구를 한 사람이나 활발한 활동으로 언론이나 학회에서 주목받는 사람이 있습니다. 그리고 그 사람들에게 온통 관심이 쏠리는 것을 보면 학자로서 뿐만 아니라 개인적으로도 씁쓸해집니다.

윌리엄 제임스는 『심리학의 원리』라는 책에서 제 마음과 같은 이런 상태를 "방 안에 들어가도 아무도 고개를 돌리지 않고, 말을 해도 대꾸도 안 하고, 무슨 짓을 해도 신경도 쓰지 않고, 만나는 모든 사람이 죽은 사람 취급하거나 존재하지 않는 물건을 상대하듯 한다면 오래지 않아 울화와 무력한 절망감을 견디지 못해 차라리 잔인한 고통을 당하는 쪽이 낫다는 생각이 들 것이다"라고 이야기합니다. 윌리엄 제임스의 글을 읽고 이런 질문도 해볼 수 있을 것 같습니다.

"왜 우리는 울화와 무력한 절망감을 견디지 못하고 차라리 고문 당하는 쪽이 더 낫다고 생각할까요?"

바로 그 울화와 무력감, 절망감은 사람들의 무관심, 마치 투명인간 취급할 때 느껴지는 감정과 같기 때문에 그렇습니다.

오늘날 자본주의 사회를 이끄는 것은 탐욕입니다. 더 많은 자본을 쌓으려 하고 더 많은 부를 얻으려고 하죠. 말 그대로 다섯 세대는 거뜬히 넘게 충분히 먹고 살 수 있는 엄청난 부자가 되어서도 만족하지 못하고 계속 부를 축적하는 사람들도 많이 있습니다.

사실 그들의 그런 모습을 단순히 탐욕으로 설명할 수만은 없습니다. 돈만큼이나 돈을 모으는 과정에서 파생되는 타인의 존경을 더 추구하는 것이죠. 작가 알랭 드 보통은 그의 저서 『불안』을 통해 "인간의 불안은 더 많은 존경을 받으려고 하는 현대 야망의 하녀"라고 표현하면서, "속물들이 지배하는 세계에서는 두 종류의 사람이 있다"고 말합니다. 즉 타인들에게 주목받는 사람과 주목받지 못하는 사람이 있는 거예요. 타인들에게 주목받는 사람이 되기 위해선 소위 말해서 힘이 필요합니다. 권력이 필요해요.

헤일리는 그 힘과 권력은 단순히 '파워(power)'가 아니라 그 밑바닥에 바로 주목받고자 하는 자존감의 욕구에서 비롯되는 것이라고 보았습니다. 결국 권력이라는 건 바로 타인의 지지와 주목, 관심을 의미하며 바로 우리의 자존감과 연결되는 것입니다.

조금 전 윌리엄 제임스의 글을 통해서 저는 상대방을 공격하고 욕하고 헐뜯는 것보다 더 고통스러운 것은 투명인간 취급하며 완전히 무시하는 것이라고 말씀을 드렸습니다. 타인의 관심이 생존의 문제는 아닙니다. 하지만 우리는 사회적인 존재이고, 관계를 맺어야 하는 존재입니다. 때로는 생존보다 타인의 관심을 더 중요한 우선순위에 놓기도 합니다. 그만큼 우리는 관심의 대상이 되지 못하고 무시받는 것을 고통스러워합니다. 여기에서 약간 벗어난 이야기가

(결국엔 관련된 이야기겠지만) 왕따입니다.

괴롭힘을 당한다는 실질적인 고통보다 아이들이 더 무서워하는 것이 왕따입니다. 투명인간, 없는 사람 취급당하는 것. 다시 한번 말하자면 우리는 그 어떤 때보다도 바로 타인들이 나에게 무관심할 때 가장 고통스럽습니다.

돌아와서, 무관심과 무시라는 고통을 피하기 위해선 권력이 필요합니다. 그런데 이것은 어떤 사회적 조직에서의 권력만을 말하는 것이 아닙니다. 인간이 맺게 되는 가장 최초의 사회적 관계, 가족에서도 같은 맥락이 작동됩니다.

무시받지 않기 위해서

가족 갈등으로 상담을 했던 사례입니다. 20대 중반의 딸과 어머니가 극심하게 다투고 있는 상태였습니다. 이 갈등이 점점 심해져서 급기야 얼마 전에는 몸싸움까지 발생했고, 가족이 상담을 받으러 오게 되었습니다. 저는 상담을 통해 이 가족의 문제가 권력 때문이라는 것을 탐색할 수 있었습니다.

이 가족은 최근 아버지가 가장의 역할을 못하게 되고 대신 그동안 가정주부였던 어머니가 가장의 역할을 하게 되었습니다. 그런데 어머니가 가장의 역할을 너무나 잘하는 거예요. 그러면서 부부 관계에도 변화가 왔습니다. 그동안 경제활동을 하면서 가장의 역할을 하고 가부장적이었던 아버지가 밑으로 내려갑니다. 그리고 평범한 가정주부였던 어머니가 올라와서 아버지와 남편의 역할들을 하게 되었습니다. 가족 안에는 역할에 따른 권력과 힘이 존재합니다. 여기서는 어머니가 말 그대로 가족의 1인자가 되었습니다. 1인자답게 가족을 위해서 그만큼 역할을 하고 있는 것이죠.

그런데 이때 딸이 1인자가 된 어머니를 못마땅하게 여겼습니다. 딸은 어머니가 서열이 높아지는 것을 찬성하지 않았습니다. 그리고 자신이 어머니 대신 가족의 1인자가 되고자 했습니다. 그래서 어머니와 끝없이 다투고 말싸움하고, 몸싸움까지 벌어졌던 것이죠. 이 모든 사건을 자세히 보면 어머니와 딸 사이의 근본적인 권력다툼이 존재하고 있었습니다.

딸은 어머니를 꺾고 자신이 가족의 1인자가 되어서 가장의 역할까지 하고자 했습니다. 자신을 가장으로 인정해줄 수 있다면 자신이 취직하여 받게 된 첫 월급까지도 기꺼이 포기하겠다고 할 정도로 권력에 대한 강한 열망을 품고 있었습니다.

저는 이 가족을 상담하면서 어머니와 딸 사이의 힘겨루기 속에 단순히 권력다툼만 있는 것은 아닌 것 같다는 생각을 하게 되었습니다. 아니나 다를까 딸을 상담하면서 어린 시절 상처가 있는 것을 발견할 수 있었습니다.

아버지와 어머니는 딸이 적극적인 성격을 가지고 사회성이 뛰어난 사람이 되기를 바랐습니다. 또 공부를 잘해서 의사가 되도록 하는 것이 목표였습니다. 하지만 20대 중반이 된 딸은 어머니와 아버지의 그 어떤 목표도 이루지 못했습니다. 소극적이고 내성적인 데다가 사회에서도 자기주장을 잘 못합니다. 의대에도 들어가지 못했죠. 부모의 바람과는 다르게 평범한 삶을 사는 딸이 된 것입니다.

저는 상담을 하면서 딸이 내면 깊은 곳에 부모의 욕구를 성취하지 못했다는 죄책감과 수치심을 가지고 있다는 것을 볼 수 있었습니다. 딸이 부모님에게 미안해하고 있는 거예요. 동시에 미안해하면 할수록 자신에게 이런 과제를 부여한 부모님에게 화를 품고 있었습니다.

그래서 저는 그녀가 왜 가족 안에서 그토록 권력을 갖고자 하고, 힘을 사용하려고 했는지 이유를 알 수 있었습니다. 무시당하지 않으려고 했던 거예요. 부모의 바람을 이루지 못해서 마음속 깊은 곳에 죄책감과 수치심을 갖게 된 딸은 가족 안에서 무시당하게 될까 두려워서 오히려 적극적으로 힘을 가지려고 했던 것입니다. 결국 이 가족은 자존감과 연결된 무시가 밑바닥에 깔려 있는 권력다툼이 문제였습니다.

보웬은 갈등의 원인을 자아분화로 보았고, 사티어는 낮은 자존감으로 보았습니다. 그리고 미누친은 가족의 구조를 원인으로 보았죠. (그중에서도 가족의 경계선이 가족 갈등의 근본적인 원인이라고 봅니다.)

헤일리는 갈등의 근본적인 원인이 바로 관계 내부에 있는 권력다툼이라고 보았습니다. 관계 안에서 자신의 일정한 서열을 규정하기 위한 권력다툼, 즉 헤게모니 싸움을 핵심이라고 보았습니다.

갈등의 원인을 처음으로 권력이라는 측면에서 접근한 사람은 '권력의 의지'라는 용어를 사용했던 프리드리히 니체Friedrich Nietzsche입니다. 니체는 그의 유명한 책 『차라투스트라는 이렇게 말했다』에서 "생명이 존재하는 모든 곳에 권력의 의지가 있음을 나는 깨닫는다"라고 말했습니다.

한편 프로이트는 인간의 삶에 가장 중요한 에너지가 있다면 그것은 바로 '리비도libido'라고 했습니다. 리비도는 생명의 에너지, 즉 성욕입니다. 그는 리비도가 삶의 가장 기본적인 에너지이고 이것이 삶의 원천이라고 설명했습니다. 그리고 그의 제자였던 아들러가 프로이트의 리비도를 권력으로 전환합니다. 인간에겐 보편적인 열등감, 무력감이 존재하는데 이런 보편적인 열등감과 무력감을 보상받기 위해서, 어쩌면 극복하기 위해서 권력의 의지가 존재한다고 말합니다. 인간이 가진 근원적인 욕구 중에 하나가 바로 권력인 것이죠.

헤일리 이론의 도식

한편 헤일리의 이론에서 기초가 되는 것은 의사소통입니다. 우리가 그동안 의사소통의 여러 가지 이론을 살펴보면서 소통 과정, 소통 방식 등 상호작용을 통해 관계 안에서 갈등이 발생할 수가 있다는 것을 알 수 있었습니다.

그런데 헤일리는 이 의사소통을 바로 관계로 연결합니다. 의사소통 과정을 통해서 소통을 주고받는 사람 간의 관계가 규정될 수 있다고 보았습니다. 관계를 규정함에 있어서 본인이 좀 더 우위에 있는 관계를 설정하기 위해서 권력다툼이 발생하는 것이죠. 이런 갈등 속에서 두 가지 형태의 증상이 나타날 수 있습니다.

하나는 '자녀와 편 짜기'예요. 자녀와의 동맹입니다. 이는 삼각관계로도 설명할 수 있죠. 그리고 여기서 또 하나 나타날 수 있는 것이 '신체증상'입니다.

궁극적으로 이렇게 혼탁한 권력다툼이 해결되지 않고 심화되면 위계질서의 혼란을 가져옵니다. 헤일리는 변화에 저항하는 가족들의 기본적인 특징이 권력다툼으로 인한 위계질서의 혼란이 있다고 말했습니다.

사실 사회적 존재인 인간에게 권력은 필요합니다. 그러나 앞서 말씀드렸듯 여기서 말하는 권력이라는 것은 어떤 집단 안에서 더 높은 지위와 영향력을 갖기 위해서 필요한 권력만을 의미하지는 않습니다. 우리가 흔히 생각하는, 남을 통제하고 남에게 영향을 미칠 수 있는 그런 힘만을 의미하는 것이 아닙니다. 여기서의 권력은 한 인간으로서 존중받고 사랑받을 수 있는 가치를 실현할 수 있는 힘을 의미합니다. 그래서 니체에게 권력의 의지는 자기실현 욕구이자 성장 욕구이고, 아들러에게도 권력의 욕구는 단순한 힘의 의지가 아닌 자존감과 연결됩니다.

우리는 다른 사람의 사랑과 존중이 필요합니다. 그리고 사랑과 존중을 받기 위해서 필요한 것이 나의 권력이라고 할 수 있습니다. 따라서 권력은 자존감으로도 이야기할 수 있는 거예요. 그래서 헤일리 또한 관계에서 일어나는 갈등의 핵심을 권력으로 초점을 맞추었습니다.

우리가 가족 안에서 갈등하는 이유

두 남녀가 서로 깊게 사랑해서 결혼하기로 했습니다. 하지만 여성은 결혼을 망설였습니다. 남성이 홀어머니의 외동아들이었기 때문입니다. 오래 전에 아버지가 돌아가시고 계속 아들과 어머니가 함께 살았습니다. 그 둘의 관계가 각별하고 남다를 거라는 것은 누구나 알 법한 당연한 사실이었습니다. 하지만 여자는 이 남성을 사랑했고, 결국 결혼을 했습니다.

결혼 후 남편은 퇴근하고 집에 돌아오면 가장 먼저 어머니 방에 들어갔습니다. 내내 업무에 시달렸음에도 불구하고 아들로서 어머니에게 잘해야 한다는 생각에 하루 종일 심심했을 어머니의 말동무가 되어주었습니다. 오랫동안 홀어머니로 살았던 어머니에 대한 죄책감과 미안한 마음을 표현하기 위해서였던 것이죠.

그래서 남편은 회사에서 어떤 일이 있었는지 등 어머니와 한 시간 이상 이야기를 나누고 나서야 아내가 있는 안방으로 갑니다. 결혼을 했음에도 불구하고 아직도 총각 때의 모습을 반복하고 있는 것입니다. 그래서 아내는 결혼한 지 벌써 2년이 다 되는데도 남편과 오붓한 시간을 가진 적이 손에 꼽을 정도로 적었습니다. 당연히 결혼 생활은 지치고 힘들었습니다.

그러다 아내가 병에 걸려서 병원에 입원하게 되었습니다. 아내가 입원한 걸 보고서야 남편은 자신의 행동을 반성하게 되었고, 아내를 혼자 내버려두었다는 미안함에 휴가를 내고 아내의 병실을 지켰습니다.

아내 입장에서 볼까요? 거의 2년 동안 남편의 얼굴을 본 적이 없을 정도인데 병에 걸려서 입원하니 남편이 하루 종일 나를 간호하고 있는 거예요. 그러면 아내 입장에서는 어떨까요? 빨리 건강을 되찾는 게 나을까요? 아니면 조금씩 회복을 더디게 하면서 남편의 간호를 받는 걸 택할까요? 그런데 며칠 뒤 놀랍게도 시어머니가 쓰러져서 같은 병원에, 그것도 비슷한 병실에 입원하게 됩니다. 남편은 결국 두 군데를 오가야 하는 상황에 놓이게 되었습니다.

시어머니가 정말 정확하게 그 타이밍까지 맞춰서 병원에 입원을 했지만 일부러 입원한 것은 아닙니다. 어쨌든 몸이 아픈 것은 맞으니까 말이죠. 이것은 가족 관계와 연결된 전형적인 신체증상입니다. 신체증상은 몸의 문제로 나타지만 이렇게 가족 관계 문제로 인해 더 촉진될 수 있습니다.

부부는 여러 방식으로 힘을 분배합니다. 지금은 가치관이 많이 변하긴 했지만 아직까지 아내는 주로 가사, 특히 자녀에 해당하는 부분을 책임지고 남편은 주로 가족 외부, 사회적인 것이나 경제적인 것 등을 책임집니다.

책임진다는 것은 그만큼 힘을 인정받는 것입니다. 어떤 관계 안에서 내가 더 많이 기여하고, 더 많은 시간과 노력을 쏟으면 당연히 합당한 대가를 받습니다. 그 대가가 바로 권력입니다. 다른 사람보다 더 많은 발언권, 의사결정권을 갖게 되는 거예요. 가족도 마찬가지입니다. 서로 맞는 역할을 맡고, 그 역할에 따른 책임을 인정받게 되면서 본격적으로 힘이 분배됩니다.

그런데 많은 부부에게서 이 힘의 분배로 인해 갈등이 발생합니다. 서로의 역할에서 힘의 분배를 인정받지 못할 때는 더 극심한 갈등이 발생합니다. 그러면 사소한 갈등이 신체증상을 비롯한 힘겨루기 양상으로 번질 가능성이 높습니다.

헤일리는 결국 관계 규정을 통해서 권력다툼이 벌어지고 이로 인해 위계질서에 혼란이 일어나며, 이것이야말로 가족 갈등의 핵심이라고 보았습니다. 그리고 앞의 사례와 같은 신체증상도 이런 과정

속에서 발생할 수 있다고 보았습니다. 가족 관계나 의사소통이 역기능적으로 진행되었기 때문에 신체증상이 나타나게 된 것이죠.

관계를 규정하는 의사소통의 방식

의사소통을 주고받는 사람 간의 관계는 전달자와 그 메시지를 받는 수용자의 관계로 볼 수 있습니다. 헤일리는 의사소통을 주고받는 두 사람 사이의 관계는 크게 대칭적 관계, 상호보완적 관계, 메타보완적 관계로 규정될 수 있다고 설명합니다.

첫 번째, 대칭적 관계는 두 사람 간의 관계가 동등할 때 나타납니다. 두 사람의 관계가 똑같은 우위에 있는 거예요. 예를 들어서 두 부부가 서로 비슷한 힘을 갖고 있습니다. 그러면 어떨까요? 어느 한쪽이 우위에 있지 못합니다. 그러다 보니 서로 힘이 균등한 관계를 갖게 되죠.

반면에 힘이 비슷하니까 더 많이 대립하고 경쟁할 수 있습니다. 권력과 지위가 거의 비슷한 두 사람은 서로 동등하기 때문에 상대방을 비판하고 충고하는 것이 그만큼 더 쉽습니다. 그래서 대칭적 관계는 다른 어떤 관계보다 더 많이 신경전과 갈등을 일으킵니다. 둘의 관계가 동등하기 때문에 그만큼 서로 눈치 보지 않고 자신의 생각과 감정을 표현하고, 그것이 또 갈등을 야기하는 원인이 되는 것이죠. 그러나 기본적으로는 민주적이고 동등한 수평적 관계가 가능합니다.

두 번째로, 상호보완적 관계입니다. 한쪽의 힘이 우세하고 다른 한쪽이 상대방을 의지하는 그런 관계입니다. 그래서 이 상호보완적 관계에는 경쟁, 수평이란 말이 존재하기 어렵습니다.

한 사람이 우월한 지위에서 지배하고 힘이 있으니까, 당연히 충고하고 지시하는 것이 가능합니다. 이때 다른 한 사람은 종속적인 지위에 들어갑니다. 의존하고 상대방의 요구와 질시를 수용하죠. 쉽게 말해서 둘의 관계는 동등하지 못하고 마치 교사와 학생처럼 관계에 큰 차이가 있습니다. 상호보완적 관계에서는 한쪽이 힘의 우위에 서니까 싸움이 일어날 수가 없습니다. 갈등이나 경쟁 자체가 존재하지 않습니다.

세 번째는 메타보완적 관계입니다. 권력이나 지위가 낮은 사람이 실질적인 통제권을 갖는 관계입니다. 가족이든, 조직이든 그 안에는 건강하고 기능적인 분명한 위계질서가 필요합니다. 그런데 그 위계질서가 무너지고 무질서 상황에 있는 관계를 메타보완적 관계라고 이야기합니다. 쉬운 말로 생각하면 '하극상'이 일어나는 관계입니다.

지위가 낮은 사람이 지배적 위치에 있는 사람을 통제하고, 오히려 관계 규정에 있어서 주도권을 잡습니다. 부모가 자녀의 행동을 통제하지 못한 채 자녀에게 전전긍긍하고 자녀의 말에 따라가는 형태도 메타보완적 관계입니다.

예를 들어, 휴가지를 놓고 싸우는 부부가 있습니다. 남편은 제주도에 가자고 했지만, 아내는 설악산에 가자고 하는 상황이에요. 그때 딸이 "아빠, 엄마 말이 맞아요. 제주도는 지난번에 갔으니까 엄마 말대로 이번엔 설악산을 가요"라고 하면서 지나갑니다.

이렇게 딸이 엄마의 말을 지지해주고 북돋아줌으로써 엄마의 의견이 결정될 가능성이 높아지게 됩니다. 그리고 결과적으로 이 부부의 결정을 사실상 좌지우지한 것은 바로 딸입니다. 딸이 위계질서의 1번이 되는 것입니다.

이런 메타보완적 관계가 발생할 때는 관계에 극심한 갈등과 혼란이 왔을 때입니다. 역기능적인 상호작용이 오랫동안 발생했을 때도 발생합니다. 메타보완적 관계가 발생할 때는 언제나 권력다툼이 존재하게 됩니다. 그리고 그 권력다툼이 위계질서의 혼란을 가져오는 것이죠.

헤일리는 모든 관계가 권력다툼을 전제한다고 보았습니다. 구성원들 간 위계질서에 혼란을 일으키고, 문제와 갈등으로 인한 증상을 만들어내는 것이 권력으로 이어지게 되는 것입니다. 그러나 여기서 말하는 권력은 단순히 힘을 의미하는 것이 아닌 존중과 인정을 위한 자원이라는 것을 알고 있어야 합니다.

우리나라의 황혼 이혼율은 OECD 국가 중 가장 높습니다. 결혼 생활을 20년 이상 한 부부가 이혼을 할 때는 단순히 성격 또는 경제적인 문제만으로 이혼하는 것은 아닙니다. 여기에는 바로 권력이 있습니다. 가족 안에서 존중받고 싶고, 사랑받고 싶고, 더 나아가 의미 있는 삶을 살고 싶은 욕구가 있는 것입니다. 어쩌면 관계 안에서 존중받고 싶은 욕구가 채워지지 못했다는 반증이라고도 할 수 있을 것 같네요.

10강

가족에게 선언하는 파업

거식증

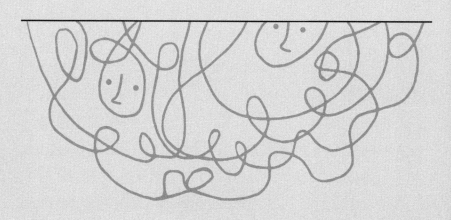

거식증은 가족관계의 문제에서 발생하며,
가족희생양 역할에 대한 파업이라고 할 수 있다.
즉 가족 안에서 어떠한 권력도 인정받지
못한 아이가 거식증이라는 신체증상을 통하여
자기 의사를 드러내는 것이다.

한병철 교수는 『피로사회』라는 책에서 시대마다 질병이 다르며 그 시대의 고유한 주요 질병이 있다고 하였습니다. 거식증은 물질적으로 풍요로워진 현대 사회에서 빈번하게 발생하는 증상으로 가난하고 생존이 어려웠던 이전 시대에는 나타나지 않았습니다.

거식증은 단순한 식이장애가 아닌 관계 문제가 만들어내는 대표적 신체증상입니다. 즉 관계 문제로 인해 스트레스를 계속 받고 있음에도 도저히 문제를 해결할 수 없다고 여겨질 때 발생할 수 있는 신체증상입니다. 이 거식증을 관계와 연결해서 접근한 이론이 바로 밀라노 테라피milano therapy입니다.

거식증은 식이장애가 아니다

가족체계가 모빌과 같았다는 것, 기억하실 거예요. 가족체계는 마치 모빌처럼 하나를 건드리면 전체가 움직이며 상호작용합니다. 이처럼 가족은 하나의 섬처럼 존재하지 않습니다. 끝없이 상호작용하고, 서로에게 영향을 미치고, 그 과정에서 가족이 형성된다는 것을 기억해야 합니다. 우리가 앞서 배웠던 체계론적 관점은 밀라노 테라피의 가장 중요한 전제입니다.

밀라노 테라피의 상담사 4명*은 모두 전문의였습니다. 이분들은 거식증 환자들을 탐색하면서 이것이 단순히 다이어트나 음식과 관련된 문제가 아니라 가족 관계에 문제가 있다는 것을 통찰했습니다. 그렇기 때문에 밀라노 테라피는 거식증을 연구하는 분야에 있어서는 세계적인 권위를 갖는 이론입니다.

밀라노 테라피의 선구자인 마라 셀비니 파라졸리Mara Selvini Palazzoli는 이탈리아 출신의 의사였습니다. 동시에 거식증 환자에 대해 치료적·이론적 성장을 가져온 인물이기도 합니다.

파라졸리는 2차 세계대전을 경험했던 사람입니다. 2차 세계대전 때는 이탈리아도 대단히 큰 식량 문제를 겪고 있었기 때문에 일제히

---

* 마라 셀비니 파라졸리, 루이지 보스콜로(Luigi Boscolo), 줄리아나 프라타(Giuliana Prata), 잔프랑코 체친(Gianfranco Cecchin).

식량 배급을 실시했습니다. 아무래도 식량배급제다 보니 식료품을 넉넉하게 받는 사람은 많지 않았습니다. 그래서 대부분의 국민이 굶주렸고, 필수적인 영양만 겨우 섭취할 수 있었습니다. 이후 전쟁이 끝나고 이탈리아도 경제 부흥을 맞이하게 되면서 모든 국민이 풍요로워지고 더는 굶주리는 일이 없게 되었습니다.

그런데 모두가 가난하고 굶주리던 때에 없었던 새로운 증상이 나타났습니다. 바로 '거식증'입니다. 많은 의사가 이것을 다이어트라든가 유전적인 부분을 원인으로 설명했지만 마라 셀비니 파라졸리는 달랐습니다.

파라졸리는 거식증이 그 가족의 역기능을 표시하고 있다고 말했습니다. 역기능적 가족 기능에서 한 개인이 선택할 수 있는 유일한 적응 가능성이라고 추측했습니다. 쉽게 말해서 거식증은 자녀가 부모에게 보낼 수 있는 반항의 표시라는 것이죠. 단식 시위인 것입니다.

가족 안에 존재하는 더러운 게임

그렇다면 왜 자녀가 반항의 표시로 거식증을 이용할까요? 그 이유는 우리가 이전에 배웠던 보웬의 자아분화, 삼각관계, 그리고 밀착과 동맹의 관계를 활용하여 찾아볼 수 있습니다.

보웬은 자아분화가 낮은 가족들은 무의식적으로 삼각관계에 자녀를 끌어들여서 가족 안에서 발생하는 긴장과 갈등을 해결하려 한다고 보았습니다.

예를 들어, 어머니가 아들에게 아버지에 대해서 푸념을 하거나 아버지 때문에 힘들어하는 모습을 자주 보이면 아들은 자연스럽게 부모가 형성한 삼각관계로 들어오게 됩니다. 어머니에게 지나치게 공감하고 어머니 편이 되어 아버지에게 대항하거나 또는 둘 사이를 중재하는 식으로 말입니다. 자녀는 삼각관계에 끼게 되어 가족희생양 역할을 수행하게 됩니다.

이렇게 늘 가족 안에서 무거운 짐을 가지고 있는 것 같은 느낌을 받으며 성장하게 되면 가족을 지긋지긋하게 생각하거나 떠나고 싶어 합니다. 이때 삼각관계로 고통을 받던 자녀가 갖게 되는 증상이 거식증입니다.

거식증 환자가 발생하는 가정은 주로 중산층이었습니다. 고학력, 특히 사회적으로 성공한 부모들일수록 그 자녀의 거식증 발병률이 더 높았습니다. 저소득 가정보다 고학력에 경제적으로 성공한 부모들이 자녀에게 더 많은 것을 기대합니다. 자녀도 나처럼 고학력자가 되고, 성공한 사회인이 되기를 기대하는 것이죠. 그리고 그런 기대감으로 인해 자녀에게 더 많은 투자와 교육이 이루어집니다.

이 과정에서 가족의 역기능적인 문제가 더 첨예해집니다. 삼각관계가 발생하고, 자녀는 자기에게 주어진 역할과 가족의 분위기에 숨이 막힙니다. 하지만 그렇다고 해서 자녀가 이 안에서 선택할 수 있는 것은 별로 없습니다. 삼각관계를 벗어날 수 있는 것도 아니고, 거부할 수 있는 것도 아니죠. 파라졸리는 바로 이 부분에서 자녀가 할 수 있는 것이라고는 음식을 통제하는 것뿐이고, 이로 인해 거식증이 발생한다는 것을 관찰하게 되었습니다.

파라졸리를 비롯한 3명의 상담사가 연구한 가족에게는 다음과 같은 의사소통 유형이 발견됩니다. '비록 내가 너에게 말할 권리를 허용한다 하더라도 나는 네가 말한 내용을 거부한다'는 것이죠. 어디서 많이 본 의사소통 방법 아닌가요? 우리가 앞에서 배웠던 그레고리 베이트슨의 이중구속적 상황입니다. 바로 이것이 거식증을 갖게 된 자녀들이 놓인 상황입니다.

밀라노 테라피에서 소개한 예를 살펴보겠습니다. 어머니가 자녀에게 열심히 간식을 만들어줍니다. 그런데 자녀가 먹기엔 좀 과하게 많이 만들어서 이 자녀가 평소 먹는 양의 두 배를 준 거예요.

일단 자녀는 어머니가 많이 만들어주었으니까 간식을 먹고 있는데, 어머니가 "이렇게 뚱뚱한데 이제 다이어트 해야지"라고 잔소리를 합니다. 주기는 많이 주었으면서 이제는 또 그만 먹으라고 잔소리를 하는 거예요.

사실 열심히 음식을 준비한 어머니에 대한 자녀의 의무는, 그 음식을 맛있게 다 먹어주는 거잖아요? 그런데 어머니는 오히려 잘 먹는 자녀에게 핀잔을 주고 잔소리를 합니다. 그러니까 자녀는 스트레스를 받습니다. '먹으라는 거야, 먹지 말라는 거야.' 계속 수치심과 죄책감을 유발해서 이럴 수도, 저럴 수도 없는 상황으로 자녀를 몰아갑니다. 이런 식으로 계속 자녀를 이중구속적인 상황으로 몰아가는 가족이 있다는 것이죠.

누군가를 가장 단시간에 파괴하는 방법은 서로 모순된 가치와 메시지를 한꺼번에 제공하는 것입니다. 즉 베이트슨이 말한 이중구속적 상황에 노출되게 하는 것입니다.

그렇다면 여기에서 이런 질문을 할 수도 있습니다.

"왜 이렇게 혼란스러운 상태로 자녀를 몰아가나요?"

이렇게 자녀를 꼼짝달싹 못하게 하는 가족체계에는 기본적으로 어떤 패턴이 있습니다. 바로 부부 관계 문제입니다. 부부 관계 문제를 나름대로 우회적으로 해결한다는 방법이 보통 삼각관계라는 걸 우리가 배웠잖아요. 이런 상황 속에서 가족들은 자신도 모르게 자녀를 통제하고 조종하려고 하는 것입니다.

이렇게 혼란스러운 상황에서 자녀가 취할 수 있는 거의 유일한 행동이 거식증입니다. 한마디로 정리하면 거식증은 가족희생양 역할에 대한 파업인 것입니다. 이중구속적인 소통으로 인해 자녀는 자신이 힘든 이유도 모르면서 고통스럽고, 혼란스러운 상황에서 거식증을 선택하게 됩니다.

우리가 이전에 배웠던 이론 중 헤일리는 가족 구성원들이 기능적인 방법으로 도저히 어떻게 할 수가 없을 때 마지막으로 선택하는 것이 신체증상이라고 했습니다. 거식증에 노출된 자녀 역시 헤일리가 말하는 조그마한 권력과 힘도 허용되지 않는 환경에 놓인 자녀입니다.

밀라노 테라피는 이런 이중구속적인 상황에 노출되는 가족의 역기능에 이름을 붙였습니다. 거식증이라는 신체증상으로 내몰리게 되는 가족 안에는 더러운 게임이 존재한다는 것이죠. 이를 '더티 게임dirty game'이라고 합니다. 즉 가족 구성원들의 상호작용은 일정한 패턴을 만들어내는데, 이것이 가족들의 더러운 게임으로 명명될 수 있다는 것이죠.

밀라노 테라피에서 말하는 이런 이중구속적인 더러운 게임을 파악하려면 대립적인 요소를 찾아야 합니다. 드러난 것과 숨겨진 것, 언어적인 진술과 비언어적 진술, 주요 호소와 숨겨진 호소, 의식적인 것과 무의식적인 것. 이런 두 대립적인 요소를 탐색하다 보면 가족 안에 있는 더러운 게임에서 일정한 역기능적 패턴을 찾아낼 수 있습니다.

가족희생양 역할에 대한 파업 선언

밀라노 테라피는 거식증이라는 신체증상을 결국 가족희생양 역할에 대한 파업 선언이라는 행위로 설명합니다. 거식증이라고 하는 신체증상, 그리고 그 신체증상으로 고통받는 자녀가 희생양이었다는 것입니다. 그리고 희생양 역할에 대한 무의식적인 거부 행위가 바로 거식증이라는 신체증상을 양성하게 된 것이고요.

가족 안에서 발생하는 증상이 거식증이라면 어느 한 조직이나 사회 안에서 대표적으로 희생양 역할에 대해 무의식적으로 발생하는 거부 행위의 증상은 바로 회사 가는 것이 죽기보다 싫은 마음으로 나타납니다. 당연히 이런 감정은 스스로를 사회 부적응자 또는 낙오자로 여겨지게 만들고 결국은 힘들어도 죽도록 버티려고 노력하게 만듭니다. 그러다 어느 순간에 이르면 버티기 어려워집니다. 이때 우울증을 비롯한 무기력과 중독 등 다양한 증상에 의한 고통으로 연결될 수 있습니다.

나를 힘들게 하는 원인이 개인의 능력 또는 적응 문제가 아닌 구조적인 문제에 있을 때가 있습니다. 거식증을 갖는 자녀가 더러운 게임, 즉 가족 안에서의 삼각관계와 이중구속적 상황으로 내몰렸듯이 조직 안에서도 비틀린 왜곡된 관계 구조로 내몰리면서 고통을 받을 수 있습니다. 그렇다면 어떻게 해야 이러한 관계 구조 안에서 생존할 수 있을까요?

먼저 내가 속한 조직을 새의 눈, 즉 위에서 아래를 내려다보듯이 천천히 살펴보아야 합니다. 관계 구조 안에서 발생하는 삼각관계가 어떻게 형성되고 있는지, 이중구속적 의사소통이 어떻게 발생하는지, 관계를 형성한 사람들 사이의 경계선은 어떠한지를 살펴보면서 전체 관계 구조에 대한 그림을 그려볼 것을 추천합니다.

이런 작업을 통해 내가 느끼고 있던 감정과 느낌, 말로 표현할 수 없었던 감정의 덩어리가 어떤 관계 구조에서 왔는지를 인식할 수 있을 것입니다. 그러면 말할 수 없는 고통에서, 이제는 말할 수 있는 고통으로 바뀌게 되는 것이죠.

여기서 밀라노 테라피를 더 자세히 설명하지는 않겠습니다. 밀라노 테라피는 이미 전략적 테라피와 깊숙하게 서로 상호작용하고 있어서 중복되는 부분이 많이 있기 때문입니다.

그러면 우리 가족체계 안에 있는 게임은 어떤지를 한번 생각해보도록 하겠습니다. 나도 가족 안에서 원인을 알지 못하는 어떤 갈등과 혼란을 느끼고 있는 것은 아닌지, 만약 맞다면 그것이 어떤 식으로 발생하고 있는지 한번 생각해보십시오. 눈에 드러나는 규칙이 있을 수 있고, 드러나지 않은 숨겨진 이면의 규칙이 존재하고 있을 수도 있습니다.

아까 어머니가 먼저 너무 많은 간식을 주었으면서 그 간식을 먹고 있는 자녀에게 뚱뚱하다고 핀잔을 줬던 것처럼 나와 가족 간에 이런 모순적인 메시지로 이루어지고 있는 소통은 없는지 한번 생각해보길 바랍니다. 또는 부모가 말로는 막내인 너밖에 없다고 하지만 비언어적으로는 다른 형제자매를 더 좋아하고 있는 것은 아닌지 말이죠.

나아가 가족들에게 주어져 있는 역할은 지금 어떤지를 한번 생각해본다면 나와 가족 안에 있는 게임에 대해서도 (이 게임을 다른 말로 규칙이라고 할 수 있겠죠.) 한번 곱씹어볼 수 있을 것 같아요. 나의 가족 체계 안에 있는 게임들을 여러분들도 곱씹어보고, 이것들을 나름대로 노트에 적어보면서 풀어보는 그런 시간도 가졌으면 좋겠습니다.

11강

해답은 당신 안에 있다

관점

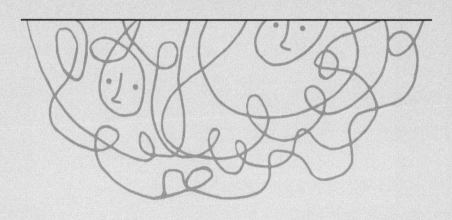

밀턴 에릭슨은 내담자의 특성을 존중하고
그가 가지고 있는 해결자원을 찾으며,
문제에 직면시키기보다는 긍정적 대안을 찾아
그것을 강화하는 것으로 접근했다. 그는 이미
내담자가 문제를 해결할 수 있는 능력과 자원을
가지고 있다고 전제하고, 그들의 강점을 찾아낸 것이다.
해당 강에서는 밀턴 에릭슨의 독특한 기법을 담은
다양한 사례를 소개하고자 한다.

변호사 니시나카 쓰토무는 『운을 읽는 변호사』에서 1만 명에 가까운 클라이언트를 만나며 자연스럽게 상대방이 운이 좋은 사람인지 나쁜 사람인지를 간단히 구분할 수 있게 되었다고 말합니다. 운은 과학적인 근거도 없고 법률과의 관계도 없지만, 니시나카 쓰토무는 타인의 삶을 지켜보며 알게 된 '운을 읽는 법'을 이야기하죠.

쓰토무는 운은 관계를 통해 나타난다고 합니다. 인간관계가 나빠지면 그의 운도 달아나버린다는 것이죠. 즉 사람들과의 좋은 관계가 행운을 부르고, 나쁜 관계가 불운을 불러오는 것입니다.

저는 40대까지는 운이라는 것을 별로 믿지 않았습니다. 인간의 노력과 실력의 산물이 운을 만들어낸다고 믿고 살았습니다. 그런데 50대가 되고 나니 인생은 자기의 노력과 성실함만으로 될 수 없고 여기에 운이라는 요소가 2퍼센트 더 채워져야 한다는 것을 알게 되었습니다.

관계도 단순히 삶의 방식뿐 아니라 삶의 기쁨과 행운, 더 나아가 행복까지 연결됩니다. 지금 우리가 배울 관계심리학 이론은 관계 문제를 살펴본 이론들과는 다른 방식으로 접근합니다. 문제의 원인과 뿌리, 패턴을 살펴보는 것이 아니라 문제를 바라보는 관점을 변화시키고 희망이라는 자원을 찾아냄으로써 관계를 회복시킵니다.

한국에서 온 동양인 천재

밀턴 에릭슨Milton Erickson은 최면치료의 선구자로 이름이 알려져 있습니다. 여러분도 최면치료라는 말을 한 번쯤은 들어보셨을 거예요. 그렇지만 밀턴 에릭슨의 최면은 "자, 우리 눈을 감아볼까요? 이제 눈꺼풀이 무거워집니다. 똑딱똑딱" 이런 것이 아닙니다. 밀턴 에릭슨은 그만의 독특한 최면치료를 만들었습니다.

밀턴 에릭슨은 미국의 정신과 전문의였습니다. 어린 시절부터 참 쉽지 않은 인생을 살기도 했습니다. 난독증이라 책을 읽는 데 대단히 어려움이 많았고요. 아주 심각한 색맹이기도 했습니다. 소아마비를 비롯한 여러 질환들도 앓았습니다.

그런데 이렇게 많은 장애를 가진 사람에게는 일종의 보상원칙이 작동합니다. 다른 사람들보다 조금 다른 측면에서 보상을 받게 되죠. 그래서 남들이 없는 재능을 갖게 되는데, 밀턴 에릭슨은 남들보다 뛰어난 관찰력을 갖게 되었습니다.

밀턴 에릭슨이 살았던 시대는 1900년대 초입니다. 지금과는 많이 달랐던 시기입니다. 당연히 의료적 시스템도 열악했습니다. 그래서 늘 침대에 누워 있을 수밖에 없었던 에릭슨은 뛰어난 관찰력으로 다른 집안 식구들의 움직임들을 관찰하기 시작했습니다.

그러다가 에릭슨은 한 가지 놀라운 사실을 알게 되었습니다. 에릭슨의 여동생이 가족들에게 "Yes"라고 말할 때의 속마음은 사실 "No"이고, "No"라고 할 때의 속마음이 "Yes"라는 것을 알게 된 거예요. 즉 여동생의 "Yes"는 곧 "No"였던 거고, "No"가 곧 "Yes"였던 것이죠.

이걸 통해서 에릭슨은 '모든 사람들의 말을 그대로 받아들이면 안 되는구나, 다른 식의 의미와 해석이 필요하구나'라는 것을 깨달았습니다. 효과적인 대화를 하기 위해서는 속마음을 숨기고 대화를 하는 '역설적 대화'를 해야 한다는 것을 발견한 것이죠.

동양인들은 겉으로 드러나는 의미가 전부가 아니라는 것을 이미 잘 알고 있습니다. 우리만 해도 체면을 중시하고 눈치를 보는 문화가 있지 않습니까? 그래서 말을 할 때 상대방이 말하는 내용보다 그 사람의 표정이나 행동 등 비언어적인 요소에 신경을 많이 쓰죠.

하지만 서양인들은 비언어적인 내용보다는 언어적인 면을 중시

합니다. 이것이 동서양 의사소통의 차이인데, 에릭슨은 서양인, 그 것도 아주 전형적인 미국인임에도 뛰어난 관찰력으로 동양인들과 비슷한 언어적·비언어적 의사소통의 역할을 발견하게 되었고, 그것을 상담에 적용한 것입니다.

이번에 에릭슨 강의를 준비하다 보니 제 독일 유학 시절 경험이 하나 떠올랐습니다. 저는 독일에서 박사과정을 막 시작하면서 임상 현장에도 뛰어들게 되었는데요, 그중 하나가 가족 테라피를 하는 상담가들의 슈퍼비전supervision* 모임이었습니다. 저는 박사과정 유학생 신분으로 특별히 그 집단에 들어갈 수 있었습니다.

6주 동안 매일 모여서 가족 테라피 프로그램을 진행했는데, 매주 수요일에는 상담사들 중 한 집을 방문해서 그 상담사의 식구들과 같이 저녁식사를 하고 이것을 가지고 슈퍼비전을 받았습니다. 그리고 그다음 날 센터에 돌아와서 규칙, 의사소통, 관계 방식 등 그 가족의 시스템에 대해 서로 관찰한 내용을 이야기하고, 자기 가족의 문제도 분석해보는 대단히 좋은 프로그램이었습니다.

솔직히 저는 그들이 하는 말을 다 알아듣지는 못했습니다. 그래서 언어적인 것보다는 서로 대화를 주고받을 때 흐르는 어떤 비언어적

---

* 상담자가 상담 과정에서 상담자 스스로 자신의 모습을 냉철하게 바라보고 상담 현상을 객관적으로 평가하도록 하는 일종의 상담자 양성을 위한 교육 프로그램입니다. 이를 통해 수련 과정에 있는 상담자는 자신의 상담을 모니터링하고 스스로 상담개입을 보완할 기회를 만들 수 있습니다.

인 의사소통들을 좀 더 관찰했습니다.

그런데 제가 관찰했던 내용을 이야기하면 저희 동료들이 경악했습니다. 소름끼치게 맞았거든요. 제가 말을 다 알아듣지 못하는데도 이 가정에서 가지고 있는 부부 문제, 누가 동맹 관계를 맺고 있고, 누가 서로 소원한지, 경계선은 또 어떤지 등을 정확하게 짚어내는 걸 보면서 모두 대단히 놀라워했습니다. 그래서 그때 제 별명이 '한국에서 온 천재'였습니다. 천재라는 소리를 그때 처음 들어봤습니다.

사실 진짜 해답은 비언어적인 것에서 관찰됩니다. 그런데 서양인들은 언어적인 면이 중요하기 때문에 언어에 집중하죠. 저는 언어가 안 되니까 비언어적인 소통에 더 집중할 수 있었던 거예요. 아마 밀턴 에릭슨도 저와 완전히 같지는 않았겠지만 뛰어난 관찰력으로 적절한 보상을 받은 것은 아닐까 생각합니다.

강의 줄기만 살짝 바꾸어도

밀턴 에릭슨이 아주 심각한 천식으로 고통받던 열두 살 소년을 상담하게 되었습니다. 밀턴 에릭슨은 소년의 활동과 증상을 유심히 관찰하고 나서 소년에게 이런 이야기를 했습니다.

"네가 100퍼센트의 천식을 가지고 있다고 생각을 해보자. 만약 천식이 1퍼센트 줄었다고 해도 넌 그 변화를 알아차리지 못할 거야.

그렇지만 천식이 1퍼센트 줄었다는 건 분명한 것 아니겠니?"

소년이 고개를 끄덕입니다.

"그러면 이번엔 천식이 2퍼센트 줄었다 생각해보자. 역시 잘 느끼진 못하지만 분명히 2퍼센트 줄어든 거 아니겠니? 자, 이런 식으로 천식의 4퍼센트가 줄어들었어. 그리고 8퍼센트가 줄어들었어. 하지만 너는 여전히 변화를 모르겠지? 하지만 천식은 분명히 줄어들고 있는 거야."

이런 식으로 밀턴 에릭슨은 그만의 독특한 방식으로 최면을 들어갔습니다. 소년이 천식을 줄이는 생각에 몰입하도록 호기심을 유발하는 것이죠. 그리고 이 상태에서 소년에게 다시 한번 질문합니다.

"그러면 이제 천식이 얼마나 줄어들 수 있을까?"

소년이 "저, 한 20퍼센트가 줄어든 것 같아요"라고 대답합니다.

실제로 소년은 전보다 천식 환자용 호흡기 사용량을 80퍼센트나 줄일 수 있었습니다. 이렇듯이 밀턴 에릭슨은 어떤 문제에 직면하게 하는 전통적 방식보다는 희망을 활용하여 접근했습니다. 아주 작은 희망을 갖게 하는 방식으로 접근한 것이죠. 이런 방법은 자원 중심의 접근으로도 이어집니다.

어느 날 밀턴 에릭슨이 우울증으로 자살 위기 직전에 놓여 있는 한 여성의 치료를 부탁받게 되었습니다. 그래서 그 여성의 집을 방문했는데, 마당에 아주 예쁜 제비꽃이 피어 있는 것을 보게 되었습니다. 하지만 그 여성의 심각한 우울증으로 제대로 관리가 안 되고 엉

망인 상태였습니다. 에릭슨은 우울증에 걸린 여성을 면담하면서 대뜸 그 여성에게 이렇게 책망하는 듯한 말을 합니다.

"당신은 정말 놀라운 재능을 갖고 있는데 왜 그 재능을 썩히고 있는 건가요? 저 제비꽃을 개화시키려면 정말 많은 기술과 노하우가 필요한데, 이런 능력을 가진 사람이 어떻게 그 재능을 발휘하지 않고 있었던 것입니까? 이건 직무유기입니다."

그러면서 이제부터 그 재능을 신에게, 더 나아가서는 지역사회에 나누어주어야 한다고 말했습니다. 밀턴 에릭슨의 말을 받아들인 환자는 일단 교회에 출석하기 시작했습니다. 그러나 예배가 끝날 때면 늘 도망치듯이 나갔습니다. 그래서 처음에 사람들은 그녀가 교회를 다니는 것도 잘 몰랐습니다.

그런데 이 여성이 주변에서 누가 결혼하거나, 세례를 받거나, 약혼을 하는 등 축하할 일이 생길 때면 그 사람의 집으로 제비꽃을 예쁘게 개화시켜서 선물을 보내기 시작한 거예요. 밀턴 에릭슨의 말대로 자기의 재능을 나누어주는 활동을 시작한 것이죠.

시간이 흐를수록 여성에게 제비꽃을 선물받은 사람들이 늘어나게 되었고, 사람들도 교회에서 여성을 아는 척하기 시작했습니다. 그러면서 자연스럽게 우울증과 대인기피증에 빠져 있던 여성이 점차 지역사회 일원으로 스며들기 시작합니다. 그리고 어느새 아주 중요한 존재가 되었습니다.

이후 이 여성에게 주어진 삶이 마감되었을 때 지역신문에는 '제비꽃의 여왕이 세상을 떠나다. 우리는 그녀가 많이 보고 싶을 것이다'라는 제목으로 그녀의 죽음이 메인 뉴스로 나왔다고 합니다.

밀턴 에릭슨은 다른 상담자들과는 달리 여성의 문제를 직면하여 우울증의 원인이 무엇인지, 인과관계가 무엇인지를 탐색하지 않았습니다. 대신 예리한 관찰력으로 제비꽃이라는 자원을 이용해 그녀를 지역사회의 일원으로 끌어내서 사람들과 교류할 수 있게 하고, 아름답게 인생을 마감할 수 있게 했습니다.

또 다른 사례를 몇 개 더 볼까요? 시키는 것과는 모두 반대로 하는 청개구리 소년에게 밀턴 에릭슨은 이렇게 말합니다.

"너는 선생님이 시켜도 안 할 거야, 그렇지? 너는 내가 상담을 해 보았자 내 말을 안 들을 테니 별로 개선되지도 않고, 회복되지도 않을 것 같아. 어떡하지?"

그러면서 청개구리 소년의 상담을 거부하는 듯한 행동을 했습니다. 그런데 역설적으로 소년은 밀턴 에릭슨이 '이렇게 하라고 해도 넌 안 하겠지'라고 말했던 처방을 정확하게 행동에 옮기기 시작했고, 놀랍게도 청개구리처럼 굴던 행동들이 개선되는 모습을 보였습니다.

또 한번은 자신의 직업을 너무 지루해하던 교사가 있었습니다. 에릭슨은 그 교사에게 그동안 다니던 방향과 다른 방향으로 출퇴근할 것을 권했습니다. 그러자 그동안 너무나 틀에 박힌 삶에 지루함을 느끼고 무기력했던 교사가 변하기 시작했습니다.

이번엔 정신병원에 수감되었던 한 청년입니다. 이 청년은 모두 멀쩡했는데 단 한 가지, 자신이 예수라고 믿는 것이 문제였습니다. 어느 날 이 청년이 다니던 병원이 신축 공사를 하게 되었고, 병원에는 목수가 필요하게 되었습니다. 그런데 자기가 예수라고 믿었던 청년의 직업이 바로 목수였습니다. 그래서 에릭슨은 그에게 이런 질문을 합니다.

"우리 병원이 지금 증축을 하게 되어서 목수가 필요한데 우리 병원에서 일할 마음이 없나요?"

에릭슨은 우리가 필요한 건 목수지 예수는 아니라고 덧붙였습니다. 청년은 다음 날 목수로 돌아와서 열심히 일을 했다고 합니다.

밀턴 에릭슨은 자신은 강의 줄기를 살짝 바꿀 뿐이라고 말했습니다. 강의 흐름을 살짝 바꾸는 것은 강줄기를 차단하고 물길을 완전히 다르게 만드는 것보다는 상대적으로 쉽습니다.

여기서 강을 막고 물길을 차단하는 것은 직면입니다. 기존에 있던 접근 방법이죠. 그런데 강의 줄기를 살짝 바꾸는 건 강의 흐름을 존중하는 것입니다. 강의 생태를 인정해주는 해결 중심·자원 중심 접근이 바로 밀턴 에릭슨 이론의 방향이 되었다고 할 수 있습니다.

이렇게 밀턴 에릭슨은 뛰어난 관찰로 해결 중심·자원 중심 접근을 하고, 필요에 따라 때로는 역설적 처방과 같은 독창적인 기법을 보였습니다. 해결 중심 테라피는 그의 기법과 아이디어를 사회구성주의 이론과 접목시켜 조금 더 매뉴얼화한 이론입니다.

단지 관점의 차이만 있을 뿐

해결 중심 테라피는 밀턴 에릭슨의 영향을 받아 개인의 특성을 존중하고 그가 가진 해결자원을 찾습니다. 문제를 분석하고 직면시키기보다는 긍정적 대안을 찾게 하는 것이죠. 다시 말해 기존 이론들이 갖는 문제 중심적 관점에서 벗어나 개인에게 있는 자원을 찾아가는 테라피입니다. 이미 문제를 해결할 수 있는 능력과 자원이 있다고 전제하고 강점이나 긍정적인 점을 찾아내 강화시키죠.

그래서 해결 중심 테라피는 문제라고 언급되지 않는 것은 건드리지 않습니다. 그리고 시행 중인 방법에 효과가 없다면 중단 후 다른 방법으로 교체합니다. 대신 효과가 있다는 것으로 밝혀지면 그것을 더 많이 하게 합니다. 조금 전에 봤던 장점과 강점, 긍정적인 측면 등을 활용하는 것입니다.

해결 중심 테라피에서 우리가 꼭 하나 알아두어야 하는 것이 있습니다. 해결 중심 테라피의 이론적 배경은 아까 말씀드렸듯 사회구성주의입니다. 개인에 의해 사회적·심리적으로 구성된 것이 현실이고, 타인과 상호작용하면서 새로운 의미를 구성하고, 이를 통해 일어나는 변화에 근거하여 무엇이 진짜인지에 대한 사고 구조를 형성한다는 이론입니다. 쉽게 말하면 관찰자 중심의 사고이지요.

상담할 때 보면, 부부가 정말 끝없이 싸웁니다. 이 부부는 지금 사막에 있는 거예요. 사막에서 살기 위해 계속 모래를 파며 물을 찾습니다. 그런데 문제는, 사막에서는 아무리 땅을 파도 물이 나오지 않는다는 것입니다. 그들이 살기 위해선 모래를 파는 것이 아니라 '어떻게 하면 이 사막을 벗어날 수 있는가'를 생각해야 합니다. 즉 관점의 변화, 패러다임의 변화가 필요합니다. 그리고 이 변화를 이끌어내는 이론적 배경을 사회구성주의라고 설명할 수 있습니다.

관점의 차이를 만드는 사회구성주의

(출처: EBS 다큐 '관점에 따라 달라지는 그림' 유튜브 캡처 / 위키미디어 공용)

왼쪽 그림을 한번 보십시오. 어떻게 보이나요? 그릇으로 보이기도 하고 두 사람이 서로 얼굴을 마주한 것으로 보이기도 하죠? 두 개 다 맞습니다. 오른쪽 그림은 어떻게 보이나요? 오리 같기도 하고, 토끼 같기도 합니다. 두 개 다 맞습니다. 어디에 초점을 맞추어서 보았는지에 따라 차이가 생기는 것이죠. 관점의 차이일 뿐입니다.

다시 한번 정리해보면, 사회구성주의는 우리가 사는 삶이라는 공간엔 진정한 현실이 존재하지 않는다고 봅니다. 우리가 이해하고 알고 있는 바는 절대불변의 진리가 아니라 그저 그 현상에 대한 다양한 해석 중 하나일 뿐입니다.

그래서 해결 중심 테라피에서는 이 원리를 갈등이라는 문제에서 어느 게 진리이고, 답인지는 중요하지 않다는 의미로 받아들입니다. 단지 관점의 차이일 뿐이라는 것이죠. 근본적인 문제는 존재하지 않고 어떤 시각에서 어떤 것을 더 중요하게 보는지에 따라 언제든 달라질 수 있다는 것입니다. 원인을 찾고 분석하기보다 갈등을 보는 관점이 어떤지 파악하고 그 관점을 변화시키는 것이 바로 해결 중심 테라피의 핵심입니다.

저는 해결 중심 테라피에 '밀턴 에릭슨적인 테라피다'라는 부제가 붙어야 한다고 생각합니다. 관계심리학 이론들의 대부분은 문제의 패턴을 찾고 그 패턴을 변화시키는 데 초점을 맞추고 있다면 해결 중심 테라피는 밀턴 에릭슨처럼 문제를 가진 사람의 자원을 가지고 희망 중심 접근 방식을 취하기 때문이죠.

갈등은 인간이 겪는 가장 고통스러운 것 중의 하나이지만, 서로 얽혀 있는 감정과 오해를 하나하나 정리하기보다 갈등 당사자들이 가진 해결 자원을 찾아서 이것을 더욱 촉진하고 강화하는 것만으로도 충분히 해결될 수 있습니다. 문제를 바라보던 관점을 바꿈으로써 변화의 시작도 가능합니다.

12강

관계가 두려운 사람들

애착

관계 문제로 자주 고통받는 사람들을
애착이론을 통해 살펴본다.
특히 성인 불안정 애착을 가진
사람의 유형을 살펴보고, 이 유형의 사람들은
무엇으로 관계의 어려움을 갖는지, 그 원인은
무엇인지 등을 설명한다.

대인관계가 좋은 분들도 있고, 조금 삐걱거리긴 해도 무난하게 관계를 이어가는 분들도 있습니다. 그런 분들은 학교나 직장 생활이 좀 더 편할 것이고, 친구나 동료와의 관계에서도 상대적으로 스트레스를 덜 받을 것입니다.

하지만 대인관계가 힘들어서 학교나 직장에 올 때마다 잔뜩 긴장하고, 사람들을 만나고 난 뒤 나도 모르게 '후, 이제야 살았다'라고 생각할 정도로 사람 만나는 것이 힘든 분들도 분명히 있을 것입니다.

관계심리학은 대인관계가 힘든 사람들에게 이렇게 말합니다. 모든 것은 애착과 연결된다고 말이죠. 어린 시절 나의 의지나 판단과는 상관없이 부모와 내가 형성한 애착에 따라 지금 내가 형성하고 있는 대인관계가 만들어지는 것입니다.

관계에 대한 믿음

애착은 인간의 생물학적 본성 중 하나입니다. 갓난아이가 웃고, 울고, 붙잡는 행동을 유심히 잘 관찰해보면 모든 행동이 전형적인 애착 행동이라는 것을 알 수 있을 거예요. 어머니가 필요하다는 언어적·육체적 신호인 것이죠. 갓난아이에게는 따뜻한 환경과 음식만 중요한 것이 아닙니다. 이것보다 더 중요한 것은 바로 어머니와의 단단한 애착이에요.

우리가 다른 사람과 맺는 관계는 내가 어린 시절 부모가 믿을 만한 사람인가에 대해 어떤 기대감을 가지고 있었는지, 즉 애착 유형에 따라 결정되는데요, 이 애착 유형은 사람마다 다릅니다.

어머니와의 애착 형성에서 중요한 것은 아이가 어머니를 믿을 수 있다는 사실입니다. 아이가 어머니를 필요로 할 때 돌봐주고 안아주면서 따스한 체온을 제공하면 아이는 어머니에 대해 어느 정도 예측할 수 있게 됩니다. 이런 관계에 있는 아이들은 앞으로 성장하면서 대인관계나 연인 관계에서도 편안하고, 예측 가능하며 서로 신뢰할 수 있는 관계를 맺을 수 있습니다.

반면에 아이가 어머니를 필요로 할 때 관심 갖지 않고 돌봐주지 않으면 아이는 어머니를 예측하기 어렵고 믿기 어렵습니다. 이렇게 어머니와의 관계에서 혼란을 경험했던 아이들은 성장해서도 대인관계가 힘듭니다. 어머니를 믿을 수 없었던 것처럼 수많은 대인관계에서도 똑같이 상대를 믿을 수 없다는 생각이 기본 바탕으로 작용하기 때문입니다.

애착이라는 어린 시절 어머니와의 관계에는 두 가지 유형이 등장합니다. 첫 번째가 안정 애착이에요. 안정 애착은 자녀의 욕구를 섬세하게 인식하고 보살피는 부모 밑에서 성장한 사람들에게서 나타납니다. 이렇게 성장한 사람들은 사랑하는 사람과 떨어져도 비교적 수월하게 이겨냅니다. 어렸을 때 어머니가 그랬던 것처럼 언제든 내가 원하면 상대방이 올 수 있다는 믿음이 있기 때문입니다.

어렸을 때 어머니와 떨어져 있게 되면 슬픔과 그리움의 감정이 많이 올라오잖아요. 하지만 그럼에도 불구하고 파괴적인 절망감으로까지 이어지지는 않습니다. 물론 처음에는 '엄마, 보고 싶어' 하면서 울더라도 마음속 깊은 곳에 어머니는 언젠가 나에게 돌아와서 다시 사랑을 줄 것이란 믿음이 있는 것이죠.

그래서 어렸을 적 어머니와 안정 애착을 형성한 이들은 비록 관계가 틀어져서 실망하게 되더라도 다시 그 관계를 회복할 수 있고, 또는 새로운 관계를 맺을 수 있는 힘이 있습니다. 당연히 안정 애착을 형성한 사람들은 자존감도 높고 학습 능력도 무난합니다. 어머니처럼 저 사람도 믿을 수 있는 사람이고, 어머니가 그랬던 것처럼 이 동료들도 믿을 수 있는 사람이라고 생각합니다. 그래서 대인관계가 편안합니다.

쉽게 말해서 이 사람이 나를 힘들게 할 수 있고, 상처도 줄 수 있다는 것을 알고 있습니다. 하지만 좋은 사람들이고, 믿을 수 있는 사람들이라는 기본적인 믿음이 있습니다. 그러니 어떻습니까? 훨씬 더 개방적이고 신뢰 있는 관계를 형성할 수가 있습니다.

고슴도치와 미어캣이 된 사람

반면에 불안정 애착을 가진 사람들은 어린 시절 어머니와 안정적인 애착 관계를 경험하지 못해서 내면에 상처를 입게 된 사람들입니다. 이 사람들은 부모로부터 반복적으로 거부당한 경험을 많이 가지고 있습니다. 이때 '거부당했다'는 것은 관심이나 온기가 필요할 때 그것을 제공받지 못한 것입니다. 거기에서 박탈감을 느끼고 거부감을 느끼게 되죠. 어떻게 그런 어머니가 있는지 의문을 갖겠지만, 그런 어머니들이 있습니다. 자녀를 사랑하지 않아서가 아니라 자녀의 욕구에 민감하지 못한 어머니들입니다. 자녀가 무엇을 원하는지, 무엇을 느끼는지 민감하지 못하고, 산후우울증이라든가 부부 간의 갈등, 경제적인 어려움 같은 문제들로 인해서 자녀의 욕구에 세세하게 응답하지 못했던 것이죠.

이런 경우, 자녀는 어머니를 믿을 수가 없습니다. 신뢰할 수 없죠. 그러니 마음속 깊은 곳에는 불신과 박탈감이 형성됩니다. 그런데 문제는 어머니와의 관계에서, 나아가 부모와의 관계에서만 이런 불안정 애착을 형성하는 것이 아니라는 것입니다.

여러분, 겨울이면 붕어빵 생각나실 겁니다. 그 붕어빵 틀에 밀가루 반죽을 집어넣으면 똑같은 모양의 붕어빵이 나오는 것처럼 어린 시절 형성하게 되는 어머니와의 관계가 이후 수천, 수만의 관계를 형성하는 일종의 붕어빵 틀이 됩니다. 그 틀로 모든 인간관계를 이해하고 받아들이게 되죠.

당연히 이런 사람들은 친구 사귀는 것을 굉장히 힘들어하고, 조심스러워하고, 관계에서 발생하는 작은 상처에도 다른 사람들보다 더 큰 고통을 느낍니다. 그래서 대인관계에서도 고슴도치나 미어캣처럼 항상 가시를 세우고 눈치를 볼 가능성이 대단히 높습니다.

불안정 애착에 처한 사람들이 가장 갈망하는 것은 바로 사랑과 친밀감입니다. 어린 시절부터 사랑과 친밀감을 주고받지 못했잖아요. 그런데 문제는 사랑과 친밀감을 원하는 마음이 모순된 행동으로 이어진다는 것입니다. 과거 자신에게 상처를 주었던 부모와의 갈등을 현재 자신과 관계를 맺고 있는 사람에게 무의식적으로 적용하기 때문이죠. 그래서 모든 사람이 어머니가 그랬던 것처럼 나를 실망시키고 거부할 것이라고 생각합니다. 그러면 어떻게 될까요?

인간관계를 맺을 때 고슴도치처럼 잔뜩 웅크린 채 속을 내비치지 않고 계속해서 의심하는 사람은 그 누구도 좋아하기 어렵습니다. 그런 사람을 신뢰하기는 더더욱 어렵죠. 결국 상처받지 않으려고 했던 행동이지만 그런 행동이 결과적으로는 자신에게 부메랑이 되어 돌아옵니다.

친밀감의 욕구와 거리두기 정도는 모두 어머니와의 애착 경험에 좌우됩니다. 앞서 살펴본 것처럼 어린 시절 어머니와의 관계가 건강했던 아이들은 안정 애착을 형성합니다. 반면에 어머니와의 관계에서 문제를 가진 아이들은 불안정 애착을 형성합니다.

그리고 이러한 애착 형태는 아동기에만 적용되는 것이 아니라 성인기까지 연결됩니다. 어린 시절 애착의 상처를 가진 아이는 성인이 되어서도 상대를 신뢰하고 자신을 온전히 내맡기는 데 어려움을 느끼게 되는 것이죠. 성인 불안정 애착아들은 결국 어린 시절 어머니와의 관계가 연장된 거예요.

이런 사람들에게는 몇 가지 특징이 있습니다. 물론 성인이기 때문에 나름대로 사회적 관계를 잘 형성하긴 합니다. 사람들의 눈치도 잘 살피고, 끼 있게 놀 줄도 알죠. 어머니와 깊은 친밀감을 형성하는 데 어려움을 겪었던 사람들은 사회적으로는 전혀 문제없이 지낼 수 있지만, 깊은 친밀감을 형성해야 하는 관계에서는 불안정 애착의 모습이 그대로 재연될 수 있습니다. 아이러니하게도 친밀감이라는 감정을 원하면서도 동시에 부담을 느낍니다. 함께 있으면서도 동시에 자유를 원하는 거예요.

사랑하는 사람과 연인 관계를 맺게 된다는 건 사실 구속된다는 것을 의미합니다. 그 사람과의 단단한 애착 관계를 기반으로 서로는 그동안 누렸던 자유를 상실하게 되는 것이죠. 다른 이성들에게 관심을 기울여서는 안 되고 나만의 시간보다는 상대와의 시간에 집중해야 합니다. 이것이 일종의 룰이죠. 그런데 문제는 구속되길 원하면서도 자유를 갈망한다는 것입니다. 완전히 모순인 거예요.

어린 시절에 충족되지 않은 애착 결핍은 연인 관계를 맺게 됐을 때 상대방에게 병적으로 집착하고, 숨 막히게 통제하는 양상으로 나타나기도 합니다. 그리고 병적으로 집착하다가도 상대방이 자신의 의존 욕구나 애착 욕구를 해소하는 데 도움이 되지 못할 것 같으면 바로 그 사람을 버리기도 합니다. 지난날 어머니가 그랬던 것처럼 더는 이 사람이 나의 애착 대상이 되지 못한다는 생각이 들 때 상대방을 거부하게 되는 행위라고 할 수 있습니다.

이렇다 보니 동료와의 관계는 무난할 수 있지만 깊은 정서적 친밀감이 필요한 연인 관계에서는 대단히 혼란스럽고, 일관성도 떨어지며 신뢰하기 어려운 사람으로 비치게 됩니다. 상대방을 사랑하지 않아서가 아니에요. 사랑하지 않아서가 아니라 애착 능력이 손상된 사람은 관계 안에서 굉장히 불성실하고 자신의 의지와 상관없이 상대방에게 상처를 줄 수 있습니다.

이런 성인 불안정 애착을 형성한 사람은 두 가지 형태를 보입니다. 하나는 회피형이고, 또 하나는 의존형입니다.

관계가 두려운 사람들

헬링거는 사랑을 원하지만 사랑을 얻지 못하는 사람의 문제는, 사랑이 부족한 것이 아니라 사랑을 형성할 능력이 없는 것이라고 이야기합니다. 어린 시절 형성된 애착 문제에서 시작된 것이죠.

다시 한번 정리하면 성인 불안정 애착을 가진 사람은 본인의 의지, 노력과는 상관없이 상대방에게 상처를 줄 수가 있습니다. 그리고 그 과정에서 자신도 상처를 받습니다. 자신이 고슴도치가 되어버린 것이죠. 자신의 내면에 가시가 있는 거예요. 상처받지 않으려고 나를 보호하려는 행동이 놀랍게도 상대방을 아프게 하고, 나도 아프게 할 수 있습니다.

그런데 자신이 고슴도치처럼 내면에 가시를 가지고 있다는 것을 성인 불안정 애착아들은 모를 때가 많습니다. 그러면서 상처를 주고 또 상처를 받고, 그로 인해 굉장히 외롭고 힘든 시간을 보냅니다.

회피형

성인 불안정 애착의 첫 번째 유형은 회피형입니다. 회피형의 사람들은 친밀감을 두려워해서 친밀한 관계를 회피하려는 경향을 보입니다. 거부에 대한 두려움을 갖고 있기 때문이죠.

그래서 거부에 대한 두려움을 보상해줄 수 있는 자신만의 방법을 찾게 되는데, 그렇다 보니 관계 안에서 굉장히 방어적이고 경계하는 태도를 보입니다. 그리고 낯가림이 심하고, 처음 사귈 때 굉장히 신중하게 접근합니다. 그래서 웬만하면 관계 맺기가 쉽지 않은 사람입니다.

이런 사람들은 이 사람이 안전한 사람인지, 믿을 수 있는 사람인지 룰을 만듭니다. 자기만의 법칙을 갖고 사람을 사귀는 것이죠.

의존형

의존형은 자기 자신에게 부정적인 시각을 갖고 있습니다. 반면에 상대방에게는 긍정적인 시각을 갖습니다.

의존형은 관계에 불안을 느끼고, 관계를 지속하기 위해 상대방에게 강하게 집착하면서 동시에 버려질지도 모른다는 두려움을 갖고 있습니다. 회피형이 친밀감을 거부하는 반면, 의존형은 대단히 사람에게 집착하고 의존하는 정반대 유형입니다.

의존형은 대개 어린 시절에 부모의 변덕스럽고 혼란스러운 양육 패턴을 경험한 사람들에게서 드러납니다. 부모가 양육할 때 일관성이 없었던 것이죠. 부모가 기분 내키는 대로 행동했을 경우에 나타날 수 있는 유형입니다.

제가 상담했던 한 케이스 중에 별거 중인 3년차 부부가 있었습니다. 남편이 결혼 전 A와 B라는 두 여성과 교제를 하고 있었지만, 두 여성은 자신이 삼각관계를 형성하고 있다는 것을 전혀 몰랐습니다. 왜냐하면 이 남편이 결혼 전 완벽하게 A와 B 각각의 연인 역할을 했기 때문입니다. 하지만 이제 때가 되어 A와 B 중에 한 명을 배우자로 선택해야 했고, 남편은 A를 선택한 것이죠.

이제 결혼을 했으니 그 전에 삼각관계를 형성했다 해도 정리를 해야 하는데, 남편은 결혼 후에도 계속 B와 교제를 이어갔습니다. 그러다 결국 아내에게 발각되었고, 난리가 난 거예요.

제가 남편에게 두 여성과 이렇게 오랫동안 관계를 지속해왔는데 어땠냐고 물어보니까 남편은 오히려 자신은 전혀 문제가 없었다는 거예요. 사실 문제가 전혀 없을 수는 없습니다. 이 사람이 배우도 아니고, 연기를 해본 것도 아닐 텐데 늘 연기를 해야 되잖아요. 그리고 A한테 했던 말과 B에게 했던 말이 겹치면 안 되니까 헷갈려서도 안 됩니다. 그래서 항상 긴장해야 했을 텐데 자신은 전혀 문제가 없었다고 했습니다. 그러면서 남편은 어린 시절 어머니와의 관계에 대한 이야기를 하기 시작했습니다.

남편의 어머니는 아버지와 끝없는 부부 갈등을 빚었습니다. 그로 인해 어머니는 아버지와의 관계를 고통스러워했습니다. 그리고 언제나 배우자를 잘못 선택한 자신에게 실망하고, 화가 나 있는 상태였습니다. 그래서 어린 시절 이 남편은 늘 불안했습니다. 부모님이 이혼할까 두려웠고, 무엇보다도 어머니가 자신을 버릴까 두려웠습니다. 하지만 결국 부모님은 남편이 걱정하던 대로 기나긴 결혼 생활을 이혼으로 마감했습니다.

남편이 어린 시절 늘 느꼈던 것은 부모의 이혼에 대한 불안과 버림받을지도 모른다는 두려움이었습니다. 그래서 저는 남편과 상담을 하면서 남편의 친밀한 관계에는 일종의 '스페어타이어'가 필요하다는 걸 알게 되었습니다.

스페어타이어는 보통 차 트렁크에 있는데, 산길이나 도로 한가운데서 갑자기 바퀴에 펑크가 나서 당장 수리하기 어려울 때 교체하기 위한 타이어입니다. 임시로 사용하는 타이어이기 때문에 오래 사용할 수가 없어요. 그저 수리하는 데까지 갈 수 있게 하는 비상용 타이어입니다. 그런데 이 남편에게는 바로 그 스페어타이어 같은 사람이 필요했던 것입니다.

관계 안에서 버림받거나 거부당하면 상처받고, 상처를 받게 되면 너무 아프잖아요. 그러니까 상처받지 않기 위해서 언제든 버림받는 것에 대한 대비책을 미리 마련하고 있었던 것이죠.

남편은 겉으로 보면 정말 불성실하고 무책임한 사람이었습니다. 하지만 그의 내면을 들여다보니 그는 성인 불안정 애착아였고, 그로 인해 '양다리'라는 삼각관계를 통해서 본능적으로 스스로를 보호하려고 했던 것입니다. 그러니 서로를 구속함으로써 얻게 되는 단단한 친밀감의 관계로 더 들어갈 수가 없는 것이었죠. 저는 이 남편에게서 회피형의 상처를 발견할 수 있었습니다.

의존형이라고 해서 무조건 의존형으로만 지내는 것이 아니고, 회피형이라고 해서 무조건 회피형으로만 지내는 것은 아닙니다. 어느 때는 회피형이었다가 '이 사람은 믿을 수 있겠다'고 마음을 먹는 순간 갑자기 의존형으로 바뀔 수도 있습니다.

　반면에 사람에게 의존하고, 그 사람이 없으면 안 될 것 같은 의존형이었다가도 의존의 대상이 아니라고 판단되면 철저하게 그 사람을 회피하고, 본인 스스로 거부해버리는 회피형으로 바뀔 수도 있습니다. 이처럼 의존형과 회피형은 완전히 분리된 것이 아니기 때문에 이 두 가지가 한 사람 안에서 동시에 나타나는 경우도 있습니다.

자유를 더 사랑한 사람

지금 말한 이 내용을 뛰어난 문학적 능력을 통해서 표현한 책이 바로 무라카미 하루키의 『노르웨이의 숲』입니다. 『노르웨이의 숲』을 읽어보셨나요? 이 『노르웨이의 숲』을 꼭 한번 탐독하셨으면 좋겠습니다. 그리고 책을 읽으면서 이 강의를 기억했으면 좋겠습니다.

　『노르웨이의 숲』에는 세 명의 주요 인물이 나옵니다. 기즈키, 나오코, 와타나베, 이 세 명의 삼각관계가 등장하지요. 이 세 명의 관계가 몸통이라면 이 몸통에서 뻗어 있는 가지에 해당되는 관계도 있습니다. 바로 나가사와와 하츠미의 관계죠. 이 두 남녀의 관계는 기즈키와 나오코, 와타나베가 가졌던 방식과는 또 다른 관계 형태를 보여줍니다.

　오늘은 성인 불안정 애착을 설명하면서 특히 나가사와와 하츠미라는 두 남녀의 관계를 한번 살펴보려고 합니다. 이 내용은 제가 썼던 『나는 내 편이라고 생각했는데』(부키, 2019)에서도 간략히 말씀드렸던 내용이기도 한데, 이번에는 좀 더 자세하게 말씀드려볼까 해요. 그리고 오늘 이 강의를 정리하겠습니다.

나가사와의 아버지는 일본 나고야에 있는 큰 병원을 경영하고 있습니다. 형은 도쿄대 의학부를 나왔어요. 우리나라로 치면 서울대 의예과를 나온 것과 마찬가지죠. 그리고 아버지의 후계자가 되기 위해 그 밑에서 일을 하고 있습니다.

나가사와는 말 그대로 지역 명문가 출신입니다. 든든한 경제력과 집안 분위기에 맞는 귀티 나는 멋진 외모를 가졌습니다. 공부만 잘하는 샌님이 아니라 강한 카리스마도 있습니다. 이 정도면 거의 뭐 '넘사벽' 아닐까 싶네요.

그래서 누구나 그에게 알 수 없는 기가 죽었다고 해요. 게다가 나가사와는 선천적으로 아주 자연스럽게 사람들의 호감을 사는 무언가를 갖고 있었습니다. 그래서 남들에게 호감을 살 만한 특징이 없던 와타나베도 나가사와의 친구라는 이유만으로 감탄의 대상이 되었습니다. 같이 어울리는 것 하나만으로도 부러움의 시선을 받을 정도였던 거죠.

나가사와가 와타나베를 선택한 이유는 별거 없습니다. 와타나베는 남들처럼 자기를 보고 기죽지 않았던 거예요. 남들이 자기를 경탄해 마지않고, 기가 죽고 쩔쩔매는 모습을 와타나베에게선 볼 수가 없었던 것이죠.

그러나 하루키가 만들어낸 최고의 매력남, 나가사와에게도 그림자는 있습니다. 그는 클럽에 가서 마치 사냥을 하듯 여자를 만나고 함께 잠을 잡니다. 그리고 아무 의미 없는 만남, 아무 의미 없는 성관계로 인해 자기혐오와 환멸에 사로잡힌 채로 기숙사에 돌아오는 것을 반복하죠.

게다가 나가사와는 상대가 만만하다고 여겨지면 잔인하게 다루기까지 했습니다. 쿨하게 헤어진 여성에게는 매몰차게 행동하지 않았지만 자기를 붙잡고 매달리려 하고, 소유하려고 하는 여성에게는 상냥하게 굴다가도 잔인하리만치 냉정했습니다. 고귀한 정신과 구제할 길 없는 속물근성이 동시에 있는 사람이었던 것이죠. 바로 이쯤에서 하츠미가 등장합니다.

하츠미는 나가사와의 공식적인 여자친구였습니다. 따스하고 이지적이고, 풍부한 유머 감각과 배려심을 가진 세련되고 우아한 여성이었습니다. 그녀는 나가사와를 진심으로 사랑했습니다. 그의 외모와 매력뿐만 아니라 그가 가진 어두운 면까지도 이해해주는 그런 여성이었어요. 하지만 나가사와는 결국 하츠미를 떠났습니다. 홀로 남겨진 그녀는 원치 않는 다른 남자와 결혼을 했고, 얼마 후 자살로 생을 마감합니다.

대단히 비극적인 이야기로 끝나는 나가사와와 하츠미의 관계를 이렇게 정리할 수 있겠습니다. 하츠미는 나가사와를 사랑했습니다.

나가사와도 하츠미를 사랑했어요. 그러나 나가사와는 자유를 더 사랑했습니다. 그래서 결국 나가사와에게 선택받지 못한 하츠미는 자살로 생을 마감합니다. 그리고 나가사와는 사랑이 아닌 자유를 선택한 대가로 평생토록 고독한 삶을 살아야 했습니다.

나가사와는 친밀감, 애정, 그리고 거기서 얻게 되는 사랑보다 자유와 고독을 선택했습니다. 누구에게도 얽매이지 않는 자유의 대가는 고독이었습니다. 하지만 그럼에도 불구하고 나가사와는 자유를 택하죠. 이런 나가사와에게서 볼 수 있는 특징이 바로 성인 불안정 애착입니다.

성인 불안정 애착의 유형 두 가지를 배웠죠. 하나는 회피형이고 하나는 의존형이라 이야기하지 않았습니까? 나가사와는 어떤 유형의 불안정 애착아일까요? 회피형이죠. 그는 전형적인 회피형 성인 불안정 애착을 가진 사람입니다.

독일의 심리학자인 배르벨 바르데츠키Barbel Wardetzki는『너는 나에게 상처를 줄 수 없다』에서 남자들은 본능적으로 다른 누군가와 빈틈없이 가까워지는 것을 두려워한다고 이야기합니다. 남성에게 성인 불안정 애착 중 회피형이 더 많은 이유죠.

그뿐 아니라 성인 불안정 애착의 증상을 갖고 있지 않아도 남성은 여성보다 더 자유를 원합니다. 누군가와 긴밀하게 연결된 관계에서 여성은 사랑을 느끼고, 친밀한 관계와 애착을 형성한 것으로 받아들이지만 많은 남성들은 그렇게 긴밀하게 연결된 관계를 따뜻하고 안전하다고 느끼기보다 옴짝달싹할 수 없는 갑갑한 감옥에 갇힌 것처럼 느낍니다. 그리고 그 안에서 혹시 자신의 본성을 잃을까 두려워하죠.

세계적인 베스트셀러 작가 존 그레이John Gray는 『화성에서 온 남자 금성에서 온 여자』에서 남성들의 이런 자유에 대한 특성을 고무줄이라 표현합니다.

남성들은 친해지고 싶은 욕구가 어느 정도 채워지면 자율성을 되찾고 싶은 욕구를 강하게 느낀다는 것이죠. 그래서 곁에 있는 연인으로부터 최대한 멀리, 고무줄이 끊어지기 직전까지 달아나려고 한다고 하는 거예요. 그것은 배고픔과 같이 본능적인 욕구이기 때문에 억지로 참으면 신경질적이고 무기력해지거나 우울증을 느낄 수도 있다고 합니다.

나가사와는 누군가를 사랑하고 친밀감을 공유하는 것을 힘들어했습니다. 의미 없는 만남을 지속하고 별안간 냉정해지는 모순되고 기이한 그의 행동 내면에는, 어린 시절 애착 관계가 제대로 형성되지 못해 친밀감의 상처를 가진 사람들에게 흔히 볼 수 있는 흔적을 발견할 수 있습니다. 존 그레이가 말한 친밀감으로부터 멀어지려는 고무줄 욕구가 지나치게 강했던 것이죠.

독일의 심리학자 율리아 파이라노Julia Peirano와 산드라 콘라트 Sandra Konrad는 이런 말을 합니다. 애착에서 어려움을 경험한 사람은 관계 안에서 만성적인 불안과 긴장감을 갖기 때문에 편한 마음으로 관계를 유지하지 못한다는 거예요.

상대방 때문에 불안이나 긴장감을 겪는 것이 아니라 내면 깊은 곳에 있는 애착의 어려움으로 인해 긴장과 불안을 겪는다는 것이죠. 그리고 파이라노와 콘라트는 친밀감에 대한 무의식적인 두려움으로 인해 바람을 피우는 사람도 적지 않다고 지적하기도 합니다. 최강의 매력을 가졌던 나가사와는 안타깝게도 친밀감의 상처를 치유하지 못했습니다. 그리고 나가사와의 그런 이해할 수 없었던 행동들은 바로 친밀감에 대한 두려움에서 비롯된 것입니다.

그리고 제가 앞에서 이야기했던, 두 여성과 삼각관계를 형성하고 있던 남편도 사실은 친밀감이 두려웠던 거예요. 아내와 너무 가까워지는 데서 안정감을 느끼기보다는 두려움을 느끼고, 그 두려움으로 인해 삼각관계를 만들고, 그를 통해 자신의 불안과 만성화된 긴장을 해소하려고 했던 것이죠.

제가 여기서 이야기하고 싶은 게 있습니다. 연인 관계에서 문제를 겪고 있는 많은 여성이 남자친구나 남편이 거리를 두려 할 때 '내가 잘못한 건가' 하고 생각합니다. 우리의 사랑이 왜 틀어지게 되었는지를 곱씹다가 이별의 책임이 혹시 나에게 있는 것은 아닐까 하는 두려움으로 인해 죄책감과 수치심에 빠지게 되고, 결국 자기반성으로 결론을 내리게 된다는 것이죠. 그렇게 되면 대단히 고통스러운 감정을 느끼게 되고 자학적인 행동으로 이어집니다.

바르데츠키는 이때 만들어지는 자기 비난과 자기 회의, 자학은 자존감을 갉아먹으며 더 깊은 상처를 만들어낼 수 있다고 말합니다. 어쩌면 이별은 근본적으로 애착을 형성하지 못한 상대방의 애착 상처에서 비롯되었다고 생각해볼 수도 있다는 것입니다.

그렇게 되면 우리도 관계에서 어려움을 겪는 나를 조금은 이해하고 용서할 수 있고, 스스로를 옭아매는 더 깊은 상처로부터 자신을 보호할 수 있을 것입니다.

13강

상처를 발견한다는 것

이마고 테라피

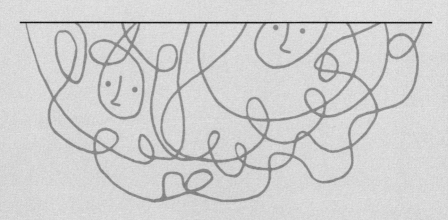

어린 시절, 부모에게서 받지 못한 사랑과 배려를
상대에게 기대하면서 갈등이 시작된다.
따라서 관계 회복을 위해 필요한 것은
내 안에 어떤 상처가 있고, 해결되지 못한
욕구는 무엇인지 아는 것이다.
갈등과 그로 인한 문제 및 증상에는 어린 시절부터
현재까지를 관통하는 흐름이 있다.

부모와 극심한 갈등상태에 놓여 있는 20대 취업 준비생이 있었습니다. 그는 여러 번의 취업 실패로 인해 깊은 좌절감을 느끼고 있었습니다. 패배감과 열등감으로 고통을 받으며 매우 예민하고 까칠해져 있었죠. 부모가 걱정스러운 마음에서 하는 말조차도 참지 못하고 쉽게 화를 냈고, 가족들은 그로 인해 전전긍긍하고 있었습니다. 그는 부모가 자신의 힘든 상태를 배려하지 못한다고 생각해 화가 나 있었고 스스로를 피해자라고 여기고 있었습니다.

하지만 부모도 그에게 큰 상처를 받고 있었습니다. 실패의 원인을 언제나 부모 탓으로 돌리는 그를 보고 어머니는 "자신이 받은 상처만 기억할 뿐 자기가 가족들을 얼마나 힘들게 하고, 쉽게 상처를 주고 있는지는 모르고 있다"고 말했습니다.

상처를 받은 사람은 상처의 아픔과 고통이 커서 다시는 상처받지 않으려고 합니다. 그러나 상처를 받지 않는 데에만 몰두할 뿐 자신이 다른 사람에게 상처를 주고 있다는 사실을 인식하지 못합니다. 상처를 받은 사람은 자신도 모르게 상처를 줄 수 있습니다. 상처를 받는 것과 주는 것은 언제나 동전의 앞뒤와 같습니다.

공감의 부재가 불러온 문제

오래전 저에게 상담을 받으러 왔던 한 부부가 있었습니다. 이 부부는 얼마 전 남편의 외도가 발각되어서 부부 관계가 발칵 뒤집어진 상태였습니다.

남편의 외도를 발견한 아내는 너무나 고통스러워했고, 또 아파하고 있었습니다. 부부 관계가 이혼 직전까지 가면서 힘들어졌다가 저와 함께 상담을 받을 것을 결심하고 마지막으로 상담실에 찾아왔던 것이죠. 그렇지만 두 사람은 여전히 상담실 안에서도 격렬한 말싸움을 이어갔습니다.

남편은 자신이 비록 외도를 하긴 했지만 주변에 있는 남자들, 특히 친구 누구처럼 처자식을 버려가면서까지 외도를 하진 않았다고 하면서 자기 외도의 정당성이나 그 수위에 대해 항변했습니다.

아내는 남편에게 진정으로 사과하면 용서해줄 수 있다고 했지만,

남편은 수위를 높여서 오직 자신의 입장만을 이야기할 뿐이었습니다. 저는 이런 남편을 보면서 절망하는 아내의 표정도 볼 수 있었죠.

이렇게까지 되자 도저히 상담을 진행할 수 없는 상태가 되었습니다. 상담보다도 싸움을 말려야 했기 때문입니다. 아내와 남편이 상담이 불가능할 정도로 고함을 지르며 격렬하게 싸우는 모습을 보면서 저는 부부 관계가 악화될 대로 악화되었다는 것을 느낄 수 있었습니다. 겨우 그 부부를 진정시켜서 돌려보내고 이런 생각을 했습니다.

'아니 도대체 남편은 아내가 사과만 하면 충분히 받아들이고 용서할 수 있다며 기회를 주는데 왜 사과하지 않고 끝까지 자기를 변호하는 걸까? 저 남편은 무슨 생각이었을까?'

아내는 분명 남편이 외도하지 않는다고 약속하고 사과하면 받아들일 준비가 되어 있었습니다. 그런데 남편은 아내가 여기까지 와서 자신의 잘못을 비난하고 지적한다고 여겼던 것 같아요. 남편의 항변 속에는 아마 이런 내용이 있었을 것입니다.

'여보, 내가 외도를 한 건 사실이지만 그렇게까지 심하게 하지는 않았어. 이 부분에 있어서는 당신이 나를 존중하고, 그 부분을 믿어주면 좋겠어.'

그런데 아내가 그렇게 이해하기 위해서는 아주 긴 시간이 필요합니다. 지금 이 순간이 아니라 10년, 20년 후 아내가 느끼는 갈등이 모두 완화되고, 오늘의 일을 과거로 다 흘려버린 그 어느 날 아내로부터 이해와 존중을 받을 수 있겠죠.

정말 이해가 필요한 건 남편이 아닌 아내였습니다. 이 상담을 지켜보면서 이 부부는 외도로 인한 문제를 겪고 있지만, 결국 소통에 문제가 있었다는 것을 곱씹어보게 되었습니다. 어린 시절의 상처가 소통 문제를 유발한 거예요.

상처를 받은 사람은 상처를 주는 사람이 된다

어린 시절 입은 상처를 갖고 살아가는 사람들이 많습니다. 어쩌면 저도 마찬가지고요. 지금은 평범하고 남들 보기에 별문제가 없어 보이지만 마음속 한 귀퉁이에 여전히 해소되지 못한 과거의 아픔과 상처를 갖고 있을지도 모릅니다.

저도 상담자로서 긴 시간 일하다 보니 늘 안타깝게 여기는 것이 이거예요. 과거에 상처받았던 사람들은 그 상처를 해결하고 싶어 합니다. 자신이 어째서 그토록 외로웠고 차별과 아픔 속에서 살아야 했는지 그 답을 찾고 싶어 하고, 상처를 위로받고 보상받고자 합니다. 물론 그 마음을 이해하지만, 문제는 거의 대부분의 경우 지난날 나의 상처와 무관한 사람들을 대상으로 그 상처를 반복해서 해결하려고 한다는 것입니다.

심리학에 이런 말이 있습니다. '상처받은 사람이 상처를 준다.' 남에게 상처 주는 사람들, 남에게 함부로 말하고 경계선을 침해해서 마음을 고통스럽게 하는 사람들의 특징은 과거에 상처받은 사람들이라는 거예요. 저는 많은 가족의 갈등을 지켜보면서 결국 소통과 관련된 문제는 과거의 상처를 해결하고 싶어 하는 욕구에서 출발한다는 것을 알게 되었습니다.

여러분, 상처는 가만히 있지 않습니다. 어떤 식으로든 해결되고 싶어 해요. 위로받거나, 지지받거나, 용서받길 원합니다. 그래서 과거의 상처는 현재와 미래에도 영향을 미칠 수 있습니다.

과거에 상처받았던 사람들은 자신의 상처에 대해 한 번도 공감을 받지 못했기 때문에 그것을 해결하고 싶어 합니다. 즉 이해받지 못한 거예요. 그러다 보니 자신의 상처를 무의식적으로 해결하기 위해 행동합니다. 그러면서 자신이 가장 소중하게 여기고 사랑하는 사람들에게 생각지 않은 상처와 아픔을 주게 됩니다.

어린 시절에 학대받았던 남성이 가정을 이루었을 때, 어린 시절 받았던 학대의 상처를 전문적인 치료 없이 무의식적으로 해결하려고 한다면 프로이트가 말한 반복 강박이 나타날 수 있습니다. 과거에 불행했던 일을 재연하면서 과거의 피해자가 가해자가 되어 또 다른 폭력을 대물림하고 재생산하게 되는 것이죠.

어쩌면 그는 자신의 아내와 아이들이 "똑같은 상처를 경험해보니 얼마나 힘들고 아팠었는지 이해할 수 있겠어요"라는 말을 듣고 싶었을지도 모릅니다. 하지만 그 어떤 배우자도, 자녀도 그런 말을 할 수 없습니다. 본인이 그랬던 것처럼요.

어린 시절에 불행을 경험하면 그 안에서 엄청난 분노와 슬픔과 불안, 공포와 같은 수많은 부정적인 감정이 발생합니다. '양초증후군'은 이런 모든 감정들을 과거로 흘려보내고 성인이 되어 전혀 다른 삶을 살아도 내면 깊은 곳에는 그때 경험했던 분노와 슬픔, 공포 등 부정적인 감정들이 마치 촛농이 녹아서 굳어버린 것처럼 여전히 그 안에 있다는 것을 의미합니다. 예전의 그 감정들이 그대로 화석처럼 보관되어 있다는 거예요. 그리고 화석처럼 굳어 있던 감정들은 기회만 되면 그 사람의 삶을 괴롭힙니다.

무력감이라든가 거부, 멸시, 분노 같은 감정과 연결된 어린 시절의 트라우마는 내면 깊은 곳에 아주 오랫동안 흔적을 남깁니다. 상처받은 과거의 기억과 감정을 안전하게 분리시키기 위해서는 누군가의 진심어린 공감이 필요해요. 바로 가족으로부터 받는 진심어린 공감과 위로가 그 상처들을 회복하고 재생시킬 수 있습니다.

배우자와 자녀에게 고의로 상처를 주는 경우는 거의 없습니다. 또한 가족들이 느끼는 고통에는 단지 학대와 폭력, 이기적인 행동과 같은 외형적인 고통만 있는 것이 아니기 때문에 자신이 가해자라는 사실도 쉽게 받아들이기 어렵습니다.

공감의 부재로 발생하는 정서적 무능과 그로 인해 발생하는 갈등, 고통을 해결하기 위해 과거에 받았던 상처에 대해 진심어린 공감을 하고, 불행의 반복성을 파악한 뒤 차단하고자 만들어진 것이 '이마고 테라피imago therapy'입니다.

이마고 테라피는 미국 하빌 헨드릭스Harville Hendrix 박사 부부가 만들었고, 이 부부에 의해서 세계적인 부부 테라피로 성장했습니다. 이마고 테라피에서 '이마고imago'는 라틴어로, 영어로는 '이미지image'입니다. 그래서 이마고 테라피는 우리 마음의 한가운데 어린 시절의 경험에서 만들어진 이미지와 관련된 것을 다룹니다.

우리는 모두 어린 시절 우리를 돌보았던 양육자들에 대해서 긍정적이든 부정적이든 일정한 이미지를 가지고 있습니다. 어린 시절 경험으로 만들어진 이 이미지는 다른 사람과의 관계나 특히 배우자의 선택, 그리고 그 배우자와 함께 꾸려가는 결혼 생활에서 나타나는 의식적·무의식적 동기에 많은 영향을 미칩니다.

우리 내면에 있는 이미지 중에는 부모와의 상호작용에서 생긴 이마고, 즉 부모의 이미지도 있습니다. 그래서 나도 모르게 그 이미지로 인해 사람들과의 관계 안에서 전이 감정을 유발할 가능성이 높죠. 그래서 심리학은 어린 시절 경험했던 부모와의 상호작용에서 상처가 많은 사람은 높은 전이의 경향성을 갖게 된다고 이야기합니다.

다시 한번 말씀드리지만 과거의 상처는 과거로 끝나지 않습니다. 부부 문제의 원인은 부부가 어린 시절에 경험했던 원가족에서의 상처에 있습니다. 그 상처 안에는 부모의 이미지, 즉 부모에 대한 일정한 상이 있고, 그 상 안에는 여전히 해소되지 못한 어린 시절의 미해결 과제가 존재합니다. 그 미해결 과제 안에는 굳어버린 과거의 부정적 감정들이 녹아 있죠. 분노, 슬픔, 우울, 죄책감, 수치심, 공포 등 수많은 감정들이 그 안에 뒤엉켜 있습니다.

　그래서 이마고 테라피는 현재의 갈등을 해결하려고 하기보다 이 갈등과 서로 상호작용하는 원가족의 상처, 바로 부모의 이마고 안에 묻어 있는 수많은 부정적 감정의 덩어리 같은 미해결 과제를 핵심적 과제로 다룹니다.

문제의 원인은 과거에 있다

대인관계의 어려움으로 상담을 받았던 20대 여성이 있었습니다. 너무나 가부장적이고 전혀 소통이 되지 않는 아버지를 두고 있었죠. 반면에 어머니는 너무 힘이 약해서 아버지와 동등한 관계를 형성할 수 없었습니다.

　이 여성은 가족 관계 안에서 드세고 강한 아버지에게 대들어 아버지를 견제함으로써 어머니를 보호하려고 했습니다. 어떻게 보면 우리가 배웠던 가족희생양의 전형적인 모습이라 할 수 있죠. 아버지를 견제하면서 어머니를 보호하는 전형적인 삼각관계의 희생양입니다. 그래도 여기까지는 괜찮습니다. 문제는 이 여성이 학교에서도, 사회에서도 이런 메커니즘을 반복한다는 거예요. 자기가 있는 집단의 강한 사람에게는 집에서 아버지에게 그랬던 것처럼 대들고 견제하는 역할을 하며 약한 사람들을 보호하려고 했습니다. 하지만 누구도 그녀에게 그렇게 하라고 시킨 적은 없었죠.

　그러다 보니 이 여성은 어딜 가든 다른 사람들에게 일종의 트러블 메이커처럼 여겨지기 시작했습니다. 늘 갈등을 유발하고, 권위자와의 관계에서 긴장감을 유발하는 사람이 된 것이죠. 그래서 대인관계에 어려움이 있었습니다. 이 여성이 관계의 어려움을 극복하기 위해서는 단순히 나의 성격적 문제라든가 기질의 문제가 아닌 가족관계 안에서 해왔던 그 패턴을 무의식적으로 반복하고 있다는 사실을 알아차리는 것이 필요했습니다.

단순하게 표현된 우로보로스
(출처: 게티이미지뱅크)

심리학에는 '우로보로스ouroboros'라는 것이 있습니다. 우로보로스는 시간과 관련된 고대의 상징인데요, 뱀이 자기 꼬리를 물고 있는 모습입니다. 고대 그리스에서 시간의 끝없는 재생, 연속성, 그리고 반복성을 의미합니다.

　저는 많은 사람들을 상담하면서 결국 그들이 갖는 관계의 근본적인 문제가 바로 반복성에 있다는 것을 알게 되었습니다. 겉으로 드러난 갈등의 밑바닥에는 놀랍게도 수 세대를 통해 반복되어온 어떤 것, 가깝게는 어린 시절 상처를 그대로 재연하고 있는 불행의 반복성을 발견할 수 있었습니다. 그리고 그로 인해 마치 자기 꼬리를 물고 있는 이 우로보로스처럼 악순환의 고리에 놓여 있는 한 사람, 한 가족의 불행을 볼 수 있었습니다.

어린 시절의 외로움

어린 시절 너무나 외로웠던 여성이 있습니다. 부모는 사느라 바빠 딸과 놀아주거나 소통하지 못했고, 딸의 정서를 제대로 돌보지 못했습니다. 그래서 이 딸이 성인이 되었을 때 그 마음속엔 여전히 어린 시절에 채워지지 못했던 외로움이 자리를 잡고 있었죠. 사실 성인이 되었으니 더 이상 외로울 필요는 없습니다. 하지만 여전히 내면에 외로움이 있었고, 그것은 이 여성의 미해결 과제가 된 것이죠.

그래서 이 여성에게 배우자의 선택과 결혼 생활의 모든 면에서 가장 큰 영향을 미치는 것은 외로움이었습니다. 외로움을 해결해주지 않거나 나를 외롭게 만들면 견딜 수 없는 것이죠. 일이 많고 바빠서 어쩔 수 없는 경우라고 해도 이 여성은 남편이 늦게 들어오는 것을 용서할 수가 없는 거예요.

이마고 테라피는 어린 시절의 상처로 형성된 미해결 과제가 현재 부부 관계 안에서 지속적으로 영향을 미치고 있다는 사실을 인식하는 것에서부터 시작된다고 설명합니다. 그래서 이마고 테라피는 독창적인 이론이라기보다는 기존에 있는 이론들을 잘 통합한, 특히 어린 시절의 상처와 관련된 이론들을 잘 정리한 듯한 느낌을 줍니다.

그리고 이미 눈치채셨겠지만, 여기에는 프로이트의 '무의식의 심리학'이 기본 바탕을 이루고 있습니다. 거기에 정신분석, 그다음 현대정신분석이론인 대상관계이론, 발달이론, 부부 문제에 대한 가족 테라피적 접근, 더 나아가서는 융의 이론과 사이코드라마, 게슈탈트, 교류분석까지 통합하여 적용합니다. 상당히 많은 이론들이 이마고 테라피 안에 융합되어 있죠. 그래서 저의 개인적 견해로는 이마고 테라피가 심층심리학과 가족 테라피, 두 가지 이론의 만남이라고 생각합니다.

이마고 테라피는 특히 밀턴 에릭슨과 정신분석가 마가렛 말러Margaret Mahler에 많은 영향을 받았습니다. 이들에 의하면 아동의 발달적 욕구가 충족되지 못하면 발달은 뒤처지게 되고, 충족되지 못한 욕구를 충족하고자 하는 열망을 일생 동안 가지고 살아갑니다. 이는 아주 중요한 이야기입니다. 어린 시절의 발달적 욕구, 쉬운 말로 표현하면 사랑받고 지지받고 싶은 욕구가 충족되지 못하면 그 욕구를 충족하려는 열망을 평생 가지게 되는 거예요.

아이들은 성장하면서 부모로부터의 지지를 필요로 합니다. 하지만 충분히 지지받지 못한 아이들은 자아를 발달시키는 데 필요한 기술을 습득하는 것에 어려움을 갖게 됩니다. 대표적인 예가 불안정 애착이고, 불안정 애착아는 수많은 회피와 불안정한 관계 맥락을 갖게 됩니다. 이마고 테라피는 이런 사람들이 성장하면 자신과 같이 욕구가 제대로 충족되지 못한 채 성장한 배우자와 만나 결혼하게 된다고 보았습니다.

어떻게 보면 정말 무서운 말입니다. 사실 어렸을 때 그 욕구가 충족되었으면 끝났을 일입니다. 어린 시절 사랑과 존중을 받지 못한 것도 억울한데 그걸 평생 꼭 끌어안고 살아야 한다는 것은 어쩌면 정말 억울한 일일지도 모르겠습니다.

'안다'는 것의 의미

이마고 테라피는 우리에게 배우자 선택의 프로그램이 있으며 이것은 어린 시절 부모와의 경험에서 만들어진다고 말합니다. 이것들은 무의식적으로 부모가 채워주지 못한 욕구를 배우자를 통해서 충족하기를 바라게 되죠. 비극은 바로 여기서 벌어집니다. 배우자는 나의 부모가 아니고 남편이요, 아내일 뿐이거든요.

예를 들어서 앞에서 이야기한 여성은 남편에게 남편으로서의 욕구뿐 아니라 지난날 충분히 돌봄을 주지 못했던 아버지로서의 욕구, 이 두 가지를 가지고 있는 것입니다. 그래서 더 많은 불만을 갖게 되고, 더 많이 상처받고 서운할 수밖에 없는 것이죠.

이처럼 겉으로는 현재 발생한 문제 같지만 과거의 상처가 연결되어 있다는 것을 알 수 있습니다. 따라서 이마고 테라피는 자신의 상처를 돌아보고 스스로를 보다 잘 이해하는 것부터 시작합니다.

몇 년 전 남편 때문에 결혼 생활을 못 하겠다고 저를 찾아왔던 여성이 있었습니다. 이 여성은 늘 너무 외롭다고 이야기를 했고, 이기적이고 일밖에 모르는 남편을 정말 용서할 수 없다고 했습니다. 상담을 하면서 이분의 아버지가 초등학교 5학년 때 세상을 떠났다는 걸 알게 되었습니다. 그런데 이분의 아버지는 그 당시 가부장적이고 그저 가장으로서의 역할만 하는 아버지가 아니라 딸들에게 세심하게 관심을 기울여주고 1주일에도 몇 번이고 대화를 나누던, 정말 당시로서는 드물었던 그런 아버지였던 거예요.

그랬던 아버지가 갑작스러운 사고로 세상을 떠난 것이죠. 그녀가 경험했을 아픔과 상실감은 우리가 상상할 수도 없을 것입니다. 하지만 다행히 여성은 아버지가 돌아가시고 나서 아버지를 생각하며 이를 악물고 더 성실하게 살았습니다.

그러다 결혼을 했는데, 결혼 생활을 하면서 모든 문제가 터지게 된 거예요. 남편을 볼 때마다 늘 화가 나고, 이 사람이 결혼 생활을 잘 이끌어갈 수 있을지 끊임없이 의문을 가졌습니다.

사실 저는 상담을 했을 때 남편에 대한 여성의 불평불만이 그렇게 심각하게 다가오지는 않았습니다. 이 정도 불평 없는 아내가 어디 있을까 싶었어요. 그런데 상담을 통해서 전혀 생각지도 못했던 지점을 발견했습니다.

이 여성은 일밖에 모르고, 주말엔 소파에 누워서 멍하니 TV만 보는 남편의 모습을 정말 죽기보다도 더 싫어했습니다. 다른 사람들과는 다르게 유별나다고 느껴질 정도였죠. 보통은 1주일 내내 과중한 업무를 하고 주말에 쉬고 싶어 하는 남편의 마음을 조금 이해해 주기 마련이지만, 이분에게는 정말 그 '꼴'을 보는 것 자체가 너무 고통스러웠던 거예요. 그래서 늘 결혼 생활에 불만이 많았고, 불행하다고 느끼게 되었던 것입니다.

여성은 상담을 통해서 과거와 현재를 들여다보고 비교해볼 수 있게 되었습니다. 여성이 남편에 대해 가졌던, 즉 현재에 대한 불만과 불평 속에는 아버지라는 과거가 있었던 것이죠. 딸들에게 자상하고, 딸들과도 소소한 일상 이야기를 나누려고 했던 아버지에 대한 푸근하고 따뜻했던 기억이 있는 것입니다. 그래서 이 여성은 끝없이 남편과 아버지를 비교했고, 남편이 아버지 같지 않은 모습에 분노하게 되었던 거예요.

이 여성이 남편을 남편으로 본 것이 아니라 과거 아버지의 흔적과 비교하고 평가하고, 서운해했다는 것을 인식하게 되면서 드디어 분리가 일어나게 되었습니다. 자신의 투사를 깨달은 거예요.

독일 출신의 정신분석가 에리히 프롬은 심리학이란 나를 알게 하는 것이라고 했습니다. 여기서 프롬이 말한 '안다'는 건 마음으로, 가슴으로까지 안다는 거예요. 내 안에 어떤 상처가 있었는지 마음으로 알게 되면 그 상처로부터 벗어날 수가 있습니다.

어린 시절 부모와 관련된 서운함, 원망, 분노, 불안, 두려움, 수치심 등 부정적인 모든 감정을 건강하게 표현할 수 있게 되는 것. 이것이 이마고 테라피의 근본적인 과제입니다. 정리해서 말하면, 부부 간의 모든 문제가 사실은 상대방 탓이 아닌 내 문제와 연결되어 있을 수 있다는 지점을 받아들여야 한다는 거예요.

상담을 받으러 오는 99.9퍼센트의 부부는 상대방 탓을 합니다. 지금 나의 외로움, 불만, 불행의 모든 이유에 대해 결국 상대방이 가장 큰 원인이라고 생각합니다. 하지만 그런 접근 속에서는 해답을 찾을 수 없습니다. 상대방에게 어느 정도 책임이 있을 수는 있지만 그게 전부는 아니거든요. 그래서 이마고 테라피는 갈등의 원인과 불행의 이유가 배우자에게만 있는 것이 아니라, 이미 결혼하기 전부터 자신의 어린 시절과 깊이 관련되어 있다는 것을 깨닫고, 자기 안의 상처를 발견하는 것이 바로 그 관계를 회복하기 위한 가장 중요한 열쇠라고 봅니다.

지나간 과거와 그 안의 '나'

몇 년 전 특강을 한 적이 있습니다. 강의를 마치고 가는데 한 분이 달려와서 저를 잡았습니다. 그리고는 대뜸 저에게 이런 말을 했습니다.

"교수님, 그러면 제가 제 아버지를 용서해야 하는 건가요?"

질문을 듣는 순간, 그분이 경험했을 어린 시절의 아픔과 고통이 제게 전달되는 듯했습니다. 그래서 교과서 답변처럼 "용서해야지요" 라고 쉽게 답을 줄 수 없었습니다. 대신 이렇게 말했습니다.

"선생님, 아버지를 다른 관점에서 한번 보도록 하죠. 지금 선생님은 어린 시절 아버지의 나이와 비슷하지 않나요? 아니면 오히려 더 나이를 먹었을 수도 있죠. 어쨌든 선생님은 이미 어린 시절 기억하고 있는 아버지의 나이를 살고 있는 것 아닌가요?"

그렇다고 하시더라고요. 그래서 이어서 말했습니다.

"그러면 아버지를 나에게 상처 주었던 아버지로만 보지 말고, 꿈이 있었지만 꿈을 포기해야 했던 한 남자로 생각해보세요. 나름대로 열심히 살려고 했으나 잘 안 풀리고, 좌절과 실패 속에서 살아야 했던 한 사람으로 한번 아버지를 보시는 거예요. 선생님도 지금까지 살면서 겪은 수많은 고난과 위기, 좌절의 본질이 무엇인지 알지 않습니까. 그러니 나름대로 열심히 살려 했으나 실패하고, 좌절하면서 무능해질 수밖에 없었던 한 사람으로 아버지를 한번 보시면 어떻겠습니까?"

순간 이분의 눈에 눈물이 살짝 고였습니다.

바로 이것입니다. 아버지를 용서해야 할지 물었다고 해서 용서하라고 대답하면 누가 못하겠습니까? 그러나 용서는 기계적으로 되는 게 아닙니다. 의무적으로 용서할 필요도 없습니다. 그런데 다른 관점에서 아버지를 본다면 용서까지는 아니지만 조금은 이해할 수 있는 지점을 찾을 수 있습니다.

가족 또는 집단의 이야기를 변화시키는 데 초점을 두고 문제를 바라보는 새로운 패러다임을 제시하는 것이 이마고 테라피입니다. 그래서 여기서 반드시 필요한 게 바로 관점의 변화입니다. 이마고 테라피에서 중요하게 생각하는 것은 진실이 아니라 어떤 관점이 더 유용하며, 어떤 관점이 보다 나은 결과를 가져오는가 하는 것이죠.

관점을 변화시키기 위해서 필요한 것이 있습니다. 그동안 내가 어떤 시각으로 문제를 보았는지를 아는 것이 필요합니다. 지나간 과거와 그 안의 '나'를 알아보는 과정을 통해 문제를 보는 새로운 관점을 얻게 됩니다.

제 아들이 초등학교 6학년이었을 때 애니메이션 〈유희왕〉에 나오는 카드가 대유행이었습니다. 어느 날 우리 아들이 저에게 이런 부탁을 했어요.

"아빠, 지금 나가면서 〈유희왕〉 카드 좀 문방구에서 두 팩 사다주면 안 돼요?"

그 말을 듣는 순간, 집에 〈유희왕〉 카드가 잔뜩 쌓여서 막 굴러다니고 있는 게 보이면서 이미 많이 가지고 있지 않나 하는 생각을 했지만 "알았어, 아빠가 두 팩 사다 줄게"라고 대답을 했습니다. 그러니까 우리 아들이 아주 행복하게 웃는 거예요. 사실 나이를 먹다 보니까 웃을 일이 많지가 않은데, 온 얼굴의 근육을 이용해서 활짝 웃는 우리 아들을 보면서 한편으로는 이런 생각이 들었습니다.

'우리 아들은 1600원에 저렇게 행복해하는구나.'

그 당시 카드 한 팩에 800원이었거든요. 그래서 저는 '나는 얼마가 있으면 우리 아들처럼 웃을 수 있을까' 하고 한번 생각을 해보았습니다. 160만 원? 1600만 원? 아닙니다. 기분은 좋지만 행복까지는 아닐 것 같아요. 그럼, 160억? 그때는 진짜 행복할 것 같아요.

그렇지만 160억을 얻는 것이 저에겐 너무 행복하고 기쁜 일이어도 누군가에게는 제가 160만 원 버는 정도의 느낌밖엔 주지 못할 것입니다. 여러분, 행복은 주관적이에요. 이 정도 되어야 행복하다는 건 없습니다. 행복이 객관적이지 않다는 것은 너무나 다행이죠. 그리고 어떻게 보면 공정한 것도 같아요. 결국 내가 어떤 시선으로 지나간 과거 속에서 내 모습을 바라볼 것인가에 따라 나의 삶이 달라질 수 있습니다. 바로 이 부분, 관점의 변화를 끌어내는 게 관계심리학이라는 걸 기억하시기 바랍니다.

14강

관계를 회복하기 위한 시작
변화

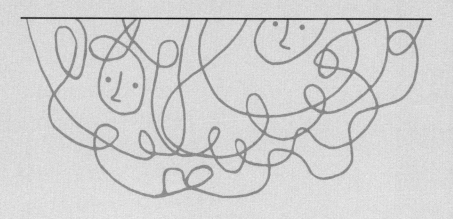

관계심리학의 내용을 총 정리하고 마무리하는 장으로,

관계 회복을 위한 변화이론을 설명한다.

상처는 사랑하고 아끼는 사람에게 주게 된다.

관계체계를 바꾸는 근본적인 변화를 위해

바로 그 체계의 변화를 일으킨다.

이것은 새로운 프레임을 짜는 것과 같다.

결국 관계 문제를 푸는 해결책은 문제를 보는

관점의 변화에서 시작되며, 이것이 관계심리학이 전하는

관계 문제의 해결 방법이다.

어떤 한 사람이 칼 융에게 이런 질문을 했습니다.

"교수님, 제가 심리학을 빨리 배우고 싶은데 어떻게 하면 그렇게 할 수 있을까요?"

이때 융이 한 대답은 그리스 신화를 읽으라는 말이었습니다.

심리학을 공부하는 사람들이 반드시 읽어야 할 텍스트가 있다면, 그리스·로마 신화입니다. 아직 인간의 정신이 정교해지고 복잡해지기 전, 소박했던 인간 내면의 모습이 잘 드러나 있죠. 그래서 인간 정신의 원형 또는 집단 무의식적인 측면들을 탐색할 수 있습니다.

신화는 그저 과거의 이야기가 아닌 인간 정신이라는 보화가 담겨 있는 창고입니다. 그중에서 부부의 이야기를 다룬 신화도 있는데, 바로 에로스와 프시케 신화입니다.

프시케의 여정

에로스와 프시케 신화는 유명한 그리스·로마 신화입니다. 특히 '프시케Psyche'라는 이름은 영어나 독일어에서 심리학과 정신분석을 의미하는 용어의 어근이 되기도 하는데, 그래서 저는 왜 인간의 심리와 정신을 의미하는 단어가 이 프시케와 연결되어 있는지도 개인적으로 궁금하더라고요.

신화의 출발은 이렇습니다. 옛날에 딸만 셋인 왕이 있었습니다. 세 딸이 모두 다 아름답고 사랑스러웠지만 그중에서도 막내인 프시케가 굉장히 아름다워서, 언니들이 프시케 옆에 있으면 평범하게 여겨질 정도였다고 합니다. 이렇게 아름답다 보니 많은 사람이 프시케를 여신으로 숭배하는 일도 발생했습니다. 이 정도이니 차마 여신과 같은 프시케에게 감히 그 어떤 남자도 청혼하지 못했다고 합니다. 물론 언니들은 각자 이웃 나라 왕들과 근사한 결혼식을 올렸죠.

슬프고 외롭게 살아가야 할지도 모를 프시케를 보고 낙심한 아버지는 신탁의 조언을 구하기로 했습니다. 그런데 신탁은 그녀를 신부로잘 단장해서 암벽에 버리면 무서운 괴물이 나타나 그녀의 신랑이 될 것이라고 말했습니다.* 아버지는 신탁을 듣고 몹시 속상했지만 결국

---

* 여기에도 감춰진 이야기가 있습니다. 프시케가 사람들에게 너무나 아름다워 미의 여신으로 추앙을 받자 당시 사랑의 여신, 아프로디테(비너스)는 질투심에 사로잡혔습니다. 그래서 아들인 에로스(큐피트)를 시켜 그녀를 가장 추한 남자와 사랑에 빠지게 하라고 이야기를

신탁을 따를 수밖에 없었습니다.

예쁘게 신부로 단장하고 홀로 암벽에 남겨진 프시케는 두려움과 슬픔에 떨었고, 어디선가 홀연히 서풍이 불어와 인적 드문 깊은 골짜기 풀밭 위에 그녀를 내려놓았습니다. 그리고 프시케는 곧 잠들었습니다.

얼마 후 잠에서 깬 프시케는 자신이 황금과 상아로 지은 호화로운 궁전에 있다는 걸 깨달았습니다. 그리고 그 순간 어디선가 자신을 프시케의 종이라고 소개하는 음성이 들렸고, 그녀의 시중을 들기 시작했습니다. 그리고 그날 밤 프시케는 누군가 자기 옆에 눕는 것이 느껴졌습니다.

바로 신탁이 말한 그녀의 남편이었습니다. 비록 얼굴을 볼 수는 없었지만 그녀가 겁냈던 용이나 괴물은 아닌 듯했습니다. 그는 프시케에게 다정하게 대해주지만 절대로 얼굴을 보여주려 하지 않았어요. 그러면서 그녀가 얼굴을 보려 하면 나의 얼굴을 보는 순간 나를 잃게 될 거라는 경고를 했습니다.

그 뒤로 남편은 자신의 정체를 드러내지 않은 채 밤마다 찾아와서 그녀와 함께 밤을 보냈습니다. 프시케는 낮에는 화려한 궁전에서 보이지 않는 음성들의 시중을 받으며 부족함 없이 생활하고, 밤에는

합니다. 어머니의 명령을 듣고 가장 추한 남자와 사랑에 빠지게 하려고 간 에로스는 프시케를 보는 순간 넋을 놓게 되고, 자신이 프시케를 차지하기 위해 아폴론에게 부탁하여 프시케의 아버지에게 그와 같은 신탁을 내려달라고 부탁했다는 뒷이야기가 있습니다.

남편과 함께 행복한 시간을 보내게 되었죠. 이렇게 행복한 나날을 보내는 가운데 프시케는 가족이 그리워졌습니다. 가족들이 자기가 괴물에게 끌려가서 죽었을 거라고 믿을 거라 생각하니 너무 가슴이 아팠습니다. 그래서 프시케는 남편에게 부모를 만나러 가고 싶다고 부탁을 했습니다. 남편은 그것이 너무나 위험한 일이란 걸 알고 처음엔 만류했지만 프시케가 뜻을 굽히지 않자 마침내 승낙했어요.

프시케가 살아 돌아오자 집안은 난리가 났습니다. 시집간 언니들도 모두 프시케를 보러 돌아왔습니다. 하지만 언니들은 곧 프시케가 행복해하는 모습과 그녀가 가져온 값비싼 선물들을 보고 질투심에 사로잡히게 되었습니다. 프시케에게 아직 남편의 얼굴을 한 번도 보지 못했다는 고백을 듣게 된 두 언니는 프시케의 불안을 자극하기 시작했습니다. 그 남편은 진짜 괴물일 거라고 이야기하면서 남편을 꼭 확인해야 한다고 그녀의 두려움을 자극하죠. 결국 프시케는 언니들이 시키는 대로 잠든 남편의 얼굴을 등불로 비춰보았습니다.

등불을 들고 잠든 남편의 얼굴을 비추는 순간 그녀는 깜짝 놀랐습니다. 남편이 무서운 괴물이 아니라 가장 완벽한 사랑의 신, 에로스라는 사실에 경악했습니다. 그리고 남편의 아름다움에 취해 하염없이 남편을 보다가 들고 있었던 등불의 기름 한 방울을 그만 남편의 몸에 떨어뜨렸습니다. 이에 놀라 일어난 에로스는 모든 것을 알게 되었고 그 자리에서 사라졌습니다.

프시케는 질투심에 사로잡혔던 언니들의 말을 듣고 남편을 의심했고, 남편이 경고한 대로 약속을 지키지 않아 결국 남편 에로스가 자신을 떠나게 했습니다. 프시케는 잃어버린 남편을 찾기 위해서 온 세상을 헤매기 시작했습니다. 결국 에로스의 어머니인 아프로디테의 궁전까지 찾아가서 남편을 만날 수 있게 해달라고 간절히 부탁합니다. 하지만 아프로디테는 아들이 있는 곳을 알려주지 않았습니다. 대신 어려운 과제들을 내주죠.

온갖 씨앗이 뒤섞인 곡식 더미에서 낱알을 가려내게 하고, 사나운 야생 양들의 등에 자라는 황금 양털을 걷어오게 하고, 심지어는 지옥의 강, 스틱스 강의 강물을 떠오게 하는 등 인간이 도저히 하기 어려운 과제들을 수행하게 합니다.

마지막에는 저승으로 들어가 페르세포네로부터 젊음의 샘물이 든 물병을 얻어오라고까지 시킵니다. 프시케는 이것이 자신의 죽음을 뜻하는 일이라는 걸 알았지만 남편을 만나고 싶다는 바람으로 온갖 역경을 무릅쓰고 페르세포네에게서 물병을 얻어오는 데 성공합니다.

페르세포네는 프시케에게 물병을 주면서 절대로 그 물병의 뚜껑을 열어보지 말라고 당부했습니다. 하지만 프시케는 또다시 호기심을 참지 못하고 뚜껑을 열어보았고, 깊은 잠에 빠지게 되었습니다. 그 순간 그동안 숨어 있던 남편 에로스가 나타나 그녀를 구출하여 신들이 사는 올림포스로 데려갔습니다. 올림포스로 올라간 에로스는 제우스에게 결혼을 허락해줄 것을 요청했습니다.

제우스는 기꺼이 이를 허락하고 프시케를 불사의 몸으로 만들어 줍니다. 인간이었던 프시케를 신으로 만들어준 것이죠. 여신이 된 프시케는 아프로디테와 화해하고, 올림포스에서 가장 아름다운 두 남녀의 결혼식을 거행하면서 이 신화의 이야기는 해피엔딩으로 끝이 납니다.

여러분, 제가 좀 자세히 설명을 했는데 이 신화가 여러분에겐 어떻게 다가오나요? 프시케와 에로스 신화에서는 낯설지 않은 여러 이야기를 찾을 수 있습니다.

행복과 불행에는 반드시 끝이 있다

우리가 사랑에 빠질 때는 서로에게 사랑의 신 에로스와 아름다운 여신 프시케가 됩니다. 말할 수 없는 행복이 찾아오지만, 그것이 오래가지는 못합니다. 언니들이 질투를 하거든요.

부부와 가족의 출발에는 두 남녀의 만남이 있습니다. 언어도 다르고, 문화도 다르고, 기질도 다르고, 성격도 달랐던 두 남녀가 결합해서 행복을 이어가죠. 하지만 영원하지는 않습니다.

그리스·로마 신화는 행복 다음에 반드시 신 또는 인간의 질투가 온다고 말합니다. 여기서 질투는 행복이 쉽게 무너질 수 있음을 의미합니다. 질투로 인해서 행복했던 두 사람은 위기에 처하고, 위기를 극복하기 위한 과제를 수행하게 되죠. 이를 동양의 고전『주역』에서는 '물극필반物極必反'이라고 말합니다.

그런데 이 과제는 결코 혼자 힘으로 극복할 수가 없습니다. 프시케도 자연과 여러 신의 도움을 받아 과제를 수행할 수 있었습니다. 마찬가지로 두 남녀의 행복 이후에 오는 수많은 위기와 갈등에는 여러 도움이 필요합니다. 결국 프시케와 에로스의 신화는 두 남녀의 만남부터 해피엔딩으로까지 가기 위한 긴 회복의 여정을 담고 있기도 합니다.

『주역』에서는 행복이 극에 이르면 반드시 그것이 불행으로 넘어간다고 말합니다. 불행 역시 마찬가지고요. 융은 이것을 '에난치오드로미아enantiodromia'라고 표현했는데 대극의 반전이 일어나서 불행이 행복으로, 또 행복이 불행으로 전환되는 것을 의미합니다.

프시케가 겪었던 행복 이후의 위기들은 행복이 넘치면 불행이 온다는 시각을 반영합니다. 불행이 가져온 위기를 극복하기 위해서는 긴 회복의 여정이 필요하다는 것이죠.

살면서 겪는 모든 일들이 반드시 해피엔딩으로 끝나지는 않습니다. 이 여정에서 중요한 것은 프시케처럼 포기하지 않는 인내와 노력입니다. 우리가 그동안 배웠던 여러 이론이 바로 그 여정에서 인내와 노력을 찾아본 것이라고 할 수 있겠습니다.

부부 관계의 어려움으로 상담실에 온 부부가 있었습니다. 자신이 처한 상황이 너무 힘들다면서 결혼이 이렇게 고통스러운 것이었다면 하지 않았을 거라며 서로에 대한 불평불만, 현재의 고통에 대한 한탄으로 상담 시간 대부분을 채웠습니다. 아마 상대방을 비난하거나 지금 내가 얼마나 힘든지 한탄하는 것은 이미 상담실에 오기 전에도 수없이 했을 거예요.

두 사람은 모두 자신을 피해자라고 여기고 있고, 서로 상대방을 가해자라고 생각하며 그렇게 주장하고 있습니다. 정도의 차이는 있지만 똑같습니다. 그런데 이렇게 서로 일방적이기만 한 관계가 과연 가능한 걸까요?

결국 가족 문제는 관계와 소통의 문제고, 회복 역시 관계와 소통의 문제를 복원하는 것입니다. 그렇다고 해서 가족의 문제가 관계와 소통이라고 한마디로 정리되는 것도 아닙니다. 관계와 소통은 단순하지가 않거든요. 마치 거미줄처럼 의식과 무의식 차원이 뒤엉켜 있습니다. 겉으로는 의견의 차이, 성격이나 경제를 풀어가는 방식 등에 대한 차이인 것 같지만 그 안에는 무의식적인 투사가 뒤엉켜 있습니다. 그래서 많은 부부의 문제가 사실은 두 부부만의 문제가 아닐 수도 있습니다.

다시 이야기로 돌아가보면 행복해하던 프시케를 위기로 내몬 건 바로 그녀의 두 언니였습니다. 마찬가지로 두 부부를 위기로 내몬 건 부부가 속해 있던 가족일 수 있습니다. 앞서 프로이트가 부부의 잠자리에는 여섯 명이 있다고 했던 말, 기억하시죠? 부부의 침대에는 부부만 있지 않습니다. 어머니의 삶, 어머니가 이루지 못했던 꿈,

어머니가 품었던 외로움, 아버지의 열등감, 아버지의 삐뚤어진 시선들, 어머니의 지나친 강압, 그리고 두 부부가 가지고 있는 뿌리 깊은 수치심과 죄책감 등 그 모든 것들이 뒤엉켜 있습니다.

"나만 힘들었던 건 아니었군요."

이 시간에 다루고 싶은 것은 무의식적 차원에서의 관계와 소통 문제입니다. 무의식적 차원에서 부부 갈등과 대인관계 갈등이 발생할 때는 언제나 투사가 발생하게 되죠. 당사자 사이에 객관적인 내용만이 있는 게 아닙니다.

겉으로 보기에는 경제적인 것이라든가 소통 방식의 차이로 갈등하는 것 같아도 그게 전부가 아닙니다. 사실은 여기에 무의식적인 내용이 더 큰 작용을 하고 있습니다.

투사는 다른 가족 구성원들의 자화상을 그대로 보여주는 스크린 역할을 합니다. 예를 들어서 이유 없이 싫어하는 직장 동료가 자기를 먼저 못마땅하게 여긴다고 생각하거나, 외도하고 싶어 하는 남편이 아내에게 외도를 했다고 의심하거나, 성性적으로 불만족스러운 엄마가 딸에게 성적으로 문란하다며 질책하고 책망하는 그런 모습들이죠. 자기 문제를 상대방에게 비추는 거예요.

그래서 대부분 투사는 무의식적으로 발생합니다. 그리고 과거의 트라우마와 관련해서 투사가 일어나는 경우 콤플렉스와 연결되어 대단히 혼란스럽고 복잡한 갈등으로 이어지기도 합니다.

독일의 유명한 심리학자인 요아힘 마츠Joachim Maaz는 관계의 핵심은 상대방에게 욕망을 투사하지 않는 것이라고 했습니다. 관계의 회복은 투사를 거두는 것이라는 거죠.

몇 년 전 제가 상담했던 한 가족이 있습니다. 이 가족은 가족 안에서 트러블 메이커처럼 행동하는 20대 중반 아들 때문에 인내심이 바닥난 상태였습니다.

이 가족이 가진 문제는 늘 갈등을 야기하는 아들이었습니다. 그런데 상담을 좀 더 깊게 했을 때 중요한 문제를 탐색할 수 있었습니다. 바로 이 가족 안에 무의식적으로 작동되고 있었던 투사라는 메커니즘이었습니다.

아들의 아버지는 어린 시절 고아원에서 성장했습니다. 지금이야 다르겠지만 그때는 말 그대로 생존과 안전이 허용되지 않는 거친 환경이었습니다. 상대방을 배려하지 않는 악바리 같은 독한 사람들만이 성공하는 걸 보면서 아버지는 자신이 너무 착하고 유약하다는 것에 한을 품게 되었습니다.

그래서 아버지는 자신이 가진 열등감을 아들에게 투사합니다. 아들을 독한 남자로 키우려고 어릴 때는 정말 숱하게 해병대 학교에 집어넣기도 했습니다.

하지만 아들은 아버지와 비슷하게 아주 예민하고 내성적인 성향을 가졌던 거예요. 아버지와 똑같았던 것이죠. 여기서 아버지는 크게 실망하며 아들을 향해 이렇게 말합니다.

"신이 나를 버린 것 같다. 나는 부모에게서 버림받았는데, 신에게도 버림받은 것 같다. 너같이 약해빠진 놈을 낳았기 때문이다. 너에겐 희망을 거두지만 이것만은 나한테 해주어야 한다. 너는 반드시 결혼을 해야 하고, 아들을 낳아야 한다. 그리고 나는 네가 낳은 아들을 데리고 다시 내가 이루지 못한 꿈을 이룰 거야."

듣는 순간 숨이 막히지 않나요? 저도 이 말을 하면서 숨이 막힙니다. 그리고 그 말을 들은 아들이 느꼈을 절망감이 느껴지더라고요. 사실 아들은 아버지가 생각했던 것만큼 약해빠진 놈이 아닙니다. 그렇게 약한 아이가 집안에서 맨날 싸움 벌이고 갈등을 일으키지는 않거든요. 아들은 무의식적으로 아버지에게 이런 명령을 받았던 거예요.

'넌 약하면 안 돼, 약해빠진 놈이 되어선 안 돼.'

결국 자신이 약하지 않다는 걸 증명하기 위해서 끝없이 가족 안에서 갈등을 일으키고, 까칠하게 대하고, 사사건건 문제를 일으키는 존재가 되어야 했던 거예요. 그래야지 자신에게 향했던 아버지의 열등감과 무기력의 투사로부터 벗어날 수가 있었던 것이죠.

오늘날 관계심리학은 말합니다. 관계는 투사의 전쟁터라고. 상대방을 통해 과거의 상처와 아픔을 해결하려면 결국 과거의 문제가 현재 안에서 그대로 재연되는 것을 볼 수가 있습니다.

그렇다면 어떻게 해야 우리는 무의식적으로 이루어지는 투사를 거두고 소통과 관계의 악순환에서 벗어날 수 있을까요? 의사소통 분야 뛰어난 연구가인 폴 와츠라비크Paul Watzlawick는 갈등이 있을 땐 상대의 입장이 되라고 말합니다.

자신의 입장에서만 생각하고 반응하기보다 상대방의 입장에서 생각하고 느껴보아야 합니다. 자신의 고통과 갈등에만 집중하기보다 상대방의 입장에서 한 번 더 생각할 때 관계체계가 변화될 수 있습니다.

저는 앞에서 말한 사례의 아들에게 가족 안에 약해빠진 놈은 용서받을 수 없다는 가족의 비밀이나 신화가 있었던 것은 아닌지 이야기하며 물었습니다. 제가 이 말을 하는 순간 문제아였던 아들은 끄덕였습니다. 이것이 자기 집의 규칙이었고, 아버지가 자기에게 요구했던 것이었거든요.

그래서 아버지와 아들의 대면을 통해 아버지가 아들을 있는 그대로 보지 않았고, 어린 시절 상처를 아들에게 투사하고 있었다는 것을 깨닫게 하면서 과거와 현재를 분리하는 작업을 했습니다. 결국 아버지 입에서 이런 말이 나왔습니다.

"우리 아들도 힘들었겠네요, 저만 힘든 게 아니라."

동양의 고전으로 꼽히는 책 중에 명나라 말기 육소형이 지은 『취고당검소』라는 낯선 이름을 가진 책이 있습니다. 이 책의 여러 주제 중에서 저는 한 부분이 와닿았습니다. 이런 말이 있더라고요.

"인간의 결점은 대부분 교제 속에서 드러나고 지적할 만한 점은 사랑하고 아끼는 가운데 드러나며 생활의 어려움은 욕심과 집착 속에서 드러난다."

한 사람의 가장 뼈아픈 단점과 약점, 뾰족한 부분은 일반 관계에서 잘 드러나지 않습니다. 웬만하면 그 날카로운 마음을 숨기고, 사회적 페르소나persona를 가지고 살아가죠. 그런데 그 뾰족한 부분은 바로 가장 사랑하고 아끼는 관계에서 드러납니다. 바로 가족 관계죠. 가족이야말로 가장 상처 주기 쉽고 상처받기도 쉬운 관계입니다.

관계를 바꾸는 변화

관계를 회복하고 바꾸는 변화에는 두 가지 형태가 존재합니다. 변화1과 변화2입니다. 변화1은 가족체계를 변화시키지 않고 단순히 어떤 행동에 대한 변화만 이끌어내는 것입니다.

변화2는 관계체계 그 자체를 바꾸는 거예요. 쉽게 말해서 근본적인 변화, 바로 그 체계의 변화를 일으키는 것이 변화2입니다.

어머니에게 반항하고 대드는 한 청소년의 사례를 한번 들어보도록 할게요. 대부분 이렇게 대들고 반항하는 자녀에 대한 부모의 반응은 이렇습니다. 자녀의 행동을 비난하고, 그렇게 하면 안 된다고 윽박지르고, 아버지한테 말한다고 협박하고, 어떻게 벌써부터 이러냐면서 부모의 권위를 다시 세우려고 합니다. 그걸 통해서 자녀로서 부모에게 복종할 것을 요구하죠.

이런 식의 접근을 변화1이라고 합니다. 때로는 변화1 정도의 변화가 필요할 때가 있습니다. 당연해요. 하지만 변화1은 근본적인 변화가 아니고 단지 어떤 해결을 뒤로 미루는 방법밖에 되지 못합니다. 그래서 변화2의 변화가 필요합니다.

유년기를 지나 사춘기가 된 자녀는 부모와 관계를 재설정하려고 합니다. 그동안 순종하고 복종했던 유년기처럼 부모와 일방적인 관계가 아니라 어느 정도 부모의 말에 순종하고 따르지만, 어느 정도는 자신의 의견이 부모에게 반영되어 존중되길 바라며 관계를 재설정하는 거예요. 바로 이것이 바로 변화2의 변화입니다.

변화2로 변하기 위해서는 세 가지 형태의 방법이 있습니다. 첫 번째, 가족 구성원들이 서로 공감하게 만드는 것. 두 번째는 역설적 기법이라고 하는 비논리적 대응입니다. 세 번째는 새로운 프레임을 만드는 것입니다. 그런데 사실 세 번째 방법은 앞의 두 가지를 다 합쳐야 합니다. 새로운 프레임을 만드는 것은 하나의 개별적인 것이라기보다는 이 두 가지 방법을 통합한 것이거든요.

여러분, 어떻습니까? 결국 모든 관계심리학 이론들은 이 세 가지 방법을 향해 나아가는 것이라고 말할 수 있습니다. 이제 첫 번째 방법을 제외한 두 가지 방법, 비논리적 대응과 새로운 프레임을 짜는 것에 대해 알아보도록 하겠습니다.

비논리적 대응

1334년 오스트리아 티롤Tirol이라는 지역의 공작부인이 오스트리아의 또 다른 지역인 호호오스터비츠Hochosterwitz에 있는 성을 공격하여 치열한 전투가 벌어진 일이 있었습니다. 적군들이 쳐들어와서 성을 포위하였고, 그 기간이 길어지면서 성 안에 있는 모든 곡식이 다 떨어져 딱 두 가지만 남았다고 합니다.

바로 소 한 마리와 귀리 두 부대였습니다. 어쩌면 소 한 마리와 귀리 두 부대는 그 성을 지키는 병사들의 한 끼 식사로 삼기도 어려운 양이었을지도 모릅니다. 하지만 마지막 식량인 만큼 그걸 다 먹고 힘을 내서 성을 지키는 것이 상식적인 행동인데, 성주는 상식과는 다르게 행동합니다.

갑자기 그 소 한 마리를 도살하고, 그 도살한 소의 뱃속에다가 유일하게 남은 식량인 귀리 두 부대를 다 집어넣습니다. 그리고 그 소를 포위하고 있는 적군들을 향해 굴립니다. 이 행위 자체로 보면 말도 안 되는 자포자기 행동으로 보입니다. 왜냐하면 이미 오랫동안 성 안에 있는 병사들은 굶주림에 시달리고 있었고, 그렇기 때문에 고기 한 조각, 귀리로 만든 빵 한 조각이 귀했어요. 그런데 성주는 그 유일한 식량을 적군들에게 집어던지는 과감한, 어떻게 보면 미친 행동을 한 것입니다.

그런데 전혀 예기치 못했던 결과가 일어납니다. 굶주림에 시달리고 있을 거라고 예상했던 성주가 소 한 마리와 귀리 두 부대를 성

밖으로 집어던지는 것을 보면서 적군들은 사기가 떨어진 거예요. 결국 포위를 풀고 다시 자기 나라로 철수했습니다. 성을 포위하던 적군들도 이미 다른 적들에게 공격을 받고 있는 상태였거든요.

뜻하지 않았던 역설적인 기법, 뜻하지 않았던 비논리적인 행동들이 어느 순간 문제를 해결했던 것처럼 관계심리학 안에서도 이런 비논리적인 방법들이 적용됩니다.

손가락을 계속 빠는 한 아이가 있었습니다. 이 아이는 어머니가 빨지 말라고 할 때마다 오히려 손가락을 더 빨았습니다. 일종의 반항이었고 거부였죠. 상담자는 빠는 행위가 이 아이의 숨겨진 욕구를 표현하는 방식이라는 것을 깨달았습니다. 그러면 빠는 행위 자체의 의미를 사라지게 만들면 되는 것이었죠. 그래서 상담자는 이 아이와 약속을 합니다.

아이에게 마음대로 손가락을 빨라고 합니다. 아이는 깜짝 놀라죠. 손가락을 빨 때마다 혼났으니까요. 그 대신 어머니 앞에서 15분씩 빨라는 숙제를 냈습니다.

아이는 처음엔 신났습니다. 그리고 어머니 앞에서 15분 동안 신나게 손가락을 빨았죠. 그런데 그다음부터 예상치 못한 결과가 발생했습니다.

어머니 앞에서 당연하게 손가락을 빠는 순간 재미가 없어진 거예요. 이것은 어머니의 비난과 거부, 저항 속에서 해야지 의미가 있는데 이렇게 대놓고 허용된 지금과 같은 환경에서는 손가락 빠는 것의 의미가 사라진 것이죠. 그래서 아이는 1주일 안으로 손가락 빠는 행위를 멈추게 됩니다. 말 그대로 비논리적 상황이 가져다준 해결입니다.

새로운 프레임

1세기 그리스의 철학자였던 에픽테토스Epictetus가 이런 말을 합니다.

"우리를 혼란시키는 것은 사실이 아니라 사실에 대해서 우리가 품고 있는 견해다."

우리는 사실을 있는 그대로 보지 않습니다. 일정한 관점을 가지고 보죠. 화가가 어떤 사물을 표현할 때 그냥 표현하는 게 아니라 전경의 소실점과 중심점을 찍고 그것을 향해서 배치하듯이 우리도 어떤 사건과 어떤 현상을 볼 때 견해나 관점을 가지고 바라봅니다. 그리고 그 관점이 바로 '프레임'입니다.

지난 대선 때 대통령 후보로 문재인, 홍준표, 안철수 후보가 격돌했습니다. 지금은 우리 기억에서 가물가물하지만 당시 안철수 후보가 아주 강력하게 지지도를 높이고 있었습니다. 새로운 보수의 희망이라고 하면서 많은 사람이 안철수 후보에게 지지를 보내고 있는 상황이었습니다. 그런데 이때 홍준표 후보가 언론에서 안철수 후보를 찍으면 박지원 대표가 상왕이 된다는 식의 말을 합니다.

안철수 후보는 호남의 표와 더불어서 영남의 표를 잠식하고 있었는데 '안철수 뒤에 박지원이 있다'는 식으로 말하는 순간 지역감정을 불러일으키게 되었고, 영남권에 있었던 보수 표들이 등을 돌리는 결과를 만듭니다. 안철수 후보는 경쟁력을 잃게 되죠. 저는 그걸 지켜보면서 대단히 놀라웠습니다. 안철수라는 막강한 후보를 프레임 하나로 끝낸 거예요. 제가 정치평론가는 아니니까 의미 부여를 하진 않겠지만 이것이 프레임 효과라고 말할 수 있을 것 같습니다.

이처럼 우리는 어떤 사물이든, 현상이든 그것을 바라보는 일정한 견해와 관점을 갖고 있습니다. 그리고 그것을 볼 수 있게 하는 프레임이 있죠. 그래서 그 프레임을 어떻게 만드느냐에 따라 다양한 결과를 만들 수 있습니다.

19세기 파리에 시민 폭동이 일어났습니다. 장교와 병사들이 폭도들을 진압하라는 명령을 받습니다. 여기에는 폭동을 일으킨 시민에게 발포하라는 명령까지 포함되어 있었습니다. 만약 그들이 광장을 비우지 않으면 이 장교는 폭동을 일으킨 시민들에게 총을 발사해야 할 상황까지 갈 수밖에 없었죠. 이때 이 장교는 시민들에게 이렇게 이야기합니다.

"저는 지금 이 광장에 있는 불한당들을 쫓아내서 광장을 비우라는 명령을 받았습니다. 그런데 제 앞에 서 있는 분들은 제가 알던 불한당들이 아닙니다. 여러분은 점잖고 평범한 시민들입니다. 여러분에게 총을 발사할 수는 없습니다. 제가 총으로 쏴야 할 사람들은 바로 시민이 아닌 불한당이니까요. 대신 불한당들에게는 명령대로 수행하겠습니다."

바로 그 순간 점잖은 시민과 불한당으로 프레임이 나눠졌고 시민들은 광장을 비우기 시작했습니다. 실제 19세기 파리에 있었던 사례입니다. 와츠라비크는 이 사건을 이야기하면서 이 장교야말로 진정한 변화를 실현한 사람이라고 이야기합니다. 프레임을 다시 짜는 것에 성공한 것이죠.

이 장교는 당사자들이 모두 만족할 수 있는 새로운 프레임을 짰습니다. 광장에 있는 시민들을 모욕하고, 협박하고, 폭력을 사용해서 쫓아내는 것이 아니라 그들을 바라보는 틀, 프레임을 바꾸는 작업만을 통해서 모두가 동의할 수 있는 상황을 연출하게 된 것이죠.

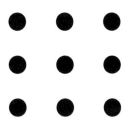

여러분, 여기 아홉 개의 점이 있습니다. 이 점을 한 번에 이어보는 게임을 해보도록 할게요. 중간에 연필을 떼지 않은 채 모든 점을 지나야 합니다. 모든 점은 한 번씩만 지나야 하고 직선으로만 연결되어야 합니다. 워낙 유명한 게임이라서 여러분 중에 답을 알고 있는 분들이 있을 수도 있습니다. 그래도 한번 시도해보세요. 아무리 시도해도 한 번에 잇기는 어려울 것입니다.

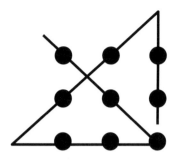

이 아홉 개의 점을 관통하려면 바깥으로 빠져나와야 합니다. 직선으로 모든 점을 관통하기 위해서는 적어도 한 부분에서 바깥으로는 나와야 하는 것이죠. 마찬가지로 프레임 짜기, 새로운 관점을 갖게 하는 것은 기존의 선입견, 고정관념에서 빠져나오는 것에서 시작합니다.

그렇다면 새롭게 프레임을 다시 짜는 건 뭘까요? 개념적이거나 정서적인 맥락 또는 상황이 체험되는 관점을 다른 틀 안에 일치시켜서 그 맥락이나 관점을 바꾸는 것을 말합니다. 이 새로운 프레임은 주어진 구체적인 상황의 사실들을 똑같이 혹은 그보다 더 잘 부합하게 하여 결과적으로 상황의 의미를 완전히 변하게 합니다.

앞서 말한 『운을 읽는 변호사』에서 니시나카 쓰토무는 한 여성의 이혼 상담 요청을 받습니다. 이 여성의 남편은 토목 회사에서 일하는데, 술을 좋아하고 귀가가 항상 늦어서 부부 사이가 좋지 않았습니다. 이 여성은 남편에 대한 불만으로 남편의 식사를 챙기는 일조차

하지 않았다고 합니다.

모두 이혼을 만류했지만, 여성이 더는 참을 수 없다며 이혼하겠다는 의지를 꺾지 않았고 상담하는 내내 남편에 대한 불만만 이야기했습니다. 그런데 한 달 후 다음 상담일에 사무소에 온 여성은 갑자기 이혼하지 않겠다고 밝히는 것이었습니다.

어느 여름날 전철을 타고 가던 여성이 우연히 창문 밖으로 뜨거운 도로 한가운데서 일하는 남편의 모습을 보고 남편의 일이 얼마나 힘든지 알게 된 거예요. 그렇게 힘들게 일하는 덕분에 지금처럼 생활하고 있다는 것을 깨달은 것입니다.

그날 밤, 평소와 같이 늦게 들어온 남편을 여성은 따뜻하게 맞아주었고, 남편도 그 이후로는 바로 집으로 돌아왔다고 합니다. 결국 여성이 남편을 향한 태도를 바꾸자 남편도 여성을 향한 태도를 바꾸어 다투는 일을 피할 수 있게 된 거예요.

강의를 마무리하기 위해서 이 사례를 좀 더 볼게요. 기존에 아내가 가지고 있던 남편의 프레임은 술주정뱅이에 가정을 등한시하는 사람이었습니다.

하지만 새로운 프레임으로 남편을 보면, 뜨거운 여름날 힘든 작업을 묵묵히 해내는 사람, 작업의 열기를 식히기 위해 술을 마시는 사람입니다. 결국 새로운 프레임을 통해 상대에게 향했던 무의식적 투사는 사라지고, 균형 잡힌 관계체계로의 변화가 시작됩니다. 이렇게 새로운 프레임을 갖기 위해 필요한 것이 있습니다. 상대방에 대한 공감입니다. 상대방의 입장에서 생각하고 느끼는 '역지사지易地思之'의 자세입니다. 관계의 변화를 위한 새로운 관점은 그냥 저절로 생겨나지 않습니다. 역지사지라는 공감의 자세를 통해 도달할 수 있는 것입니다.

에필로그

인간은 상황에 따라, 그리고 목적에 맞게 부속품을 뜯어서 바꿀 수 있는 기계가 아닙니다. 사람은 언제나 인간의 전체 역사를 안고 다닌다는 말도 있죠. 쉽게 말해서 그 사람의 삶 속에 인류의 역사가 쓰여 있습니다. 가족 또한 마찬가지입니다.

한 가족의 문제와 갈등 속에는 수 세대에 걸쳐 있는 반복성이 존재한다는 것을 이번 강의를 통해서 배웠을 것입니다. 한 가족의 문제는 그 가족이 가진 오랜 역사의 일부분입니다. 가족 문제를 해결할 때 바로 이러한 부분이 어려움을 만들지요.

가족은 어떤 한 사람이나 어떤 특정 사건을 지목해서 문제를 해결하려고 합니다. 하지만 그것은 그저 하나의 에피소드일 뿐입니다. 수 세대, 수십 년을 반복해왔던 패턴을 드러나게 한 하나의 증상일 뿐이지요.

심리학에서는 '심리학적 장티푸스 메리'라는 용어가 있습니다. '장티푸스 메리'는 20세기 초 미국에 살았던 메리 맬런Mary Mallon이라는 여성에게 붙여졌던 별명입니다.

그녀는 뉴욕 시에 일곱 번이나 장티푸스를 대유행하도록 만들었습니다. 수많은 사람이 장티푸스로 세상을 떠났고 후유증을 앓았습니다. 그러나 장티푸스를 유발했던 그녀는 전혀 문제없이 건강하게 살았습니다. 뉴욕 당국은 장티푸스의 원인이 메리라는 것을 알게 되었고, 그녀에게 평생 음식을 하지 않겠다는 서약서와 더불어서 격리 생활을 하게 했습니다. 그리고 그녀는 별 탈 없이 건강하게 생활하던 중 세상을 떠났습니다.

엄청난 정서적 갈등과 문제를 일으켰으나 자신은 그럭저럭 잘살고 대신 다른 사람들에게 끔찍한 영향력을 주어 고통에 빠뜨리는 사람들이 있습니다. 이런 사람들이 일종의 심리학적 장티푸스 메리와도 같은 사람입니다. 그들이 가진 병리적인 특성이나 왜곡된 성격, 소통, 그리고 관계 방식들은 주변 사람들에게 영향을 주고, 끝없는 갈등을 일으킵니다. 그리고 그것이 세대 전수가 되어 불행의 반복을 일으키는 원인이 될 수도 있습니다. 그래서 심리학에서는 심리학적 측면에서 슈퍼 전파자가 있을 수 있다고 이야기합니다. 자신의 병리를 전파해서 다른 사람들을 죽게 만들고, 곤경에 빠뜨리지만 정작 본인은 멀쩡한 것이죠. 바로 이 부분을 다시 한번 곱씹게 됩니다.

가족을 비롯한 사회적 집단에서 발생하는 문제는 어느 날 갑자기 시작된 게 아니라는 것을 기억하셔야 합니다. 그리고 문제의 변화는 한 사람만의 변화만이 아니라는 것도 말이죠. 수 세대를 통해 반복되어온 패턴일 수 있습니다. 그러면 어떻게 이 패턴을 끊을 수 있을까요?

알아야 합니다. 도대체 우리 가족 안에서 어떤 일이 있었고, 그 갈등의 원인과 결과는 어땠으며, 반복되는 패턴은 어떠한지를 알아야죠. 어쩌면 그 안에서 가장 큰 고통과 갈등을 주던 사람들은 다른 가족들보다 문제를 크게 느끼지 못하고 있을 수도 있습니다. 다른 가족들은 힘들어 죽겠다고 난리지만 정작 장티푸스 메리 같은 사람은 그 고통을 별로 이해하지 못하고 왜 그게 문제인지 의문을 가지며 멀쩡하게 살아갈 수 있죠. 여기에서 필요한 것이 바로 관계체계의 변화를 위한 고민입니다.

모순적인 말이지만 있는 그대로 나 자신을 받아들일 때 나는 바뀔 수 있다.
- 칼 로저스 -

프랑스 속담 중에 너무 많이 변하면 결국 제자리로 돌아간다는 속담이 있습니다. 관계의 변화는 급진적이기보다는 점진적으로 이루어져야 한다는 것을 당부하고 싶습니다. 그런 변화는 내가 생각하고 있던 관계 안에서 나의 모습이 전부가 아닐 수 있다는 것을

'아는 것'에서부터 시작합니다. 그래서 저는 진정한 변화를 이끌어 내기 위해서 점진적인 변화를 추천합니다.

관계의 변화는 또 한 사람만의 변화로 이루어지는 것은 아닙니다. 당사자들 전체의 변화가 필요하죠. 주변 사람들에게 끝없이 갈등과 긴장을 주는 사람만 변하면 다 해결할 것 같으나 그렇지가 않습니다.

알코올 중독자가 알코올에서 회복됐을 때 정작 그것을 그토록 원했던 가족들은 회복된 이후의 변화를 감당하기 어려워합니다. 그래서 오히려 더 이혼할 가능성이 높아지거나 가족이 해체되는 것을 볼 수가 있죠. 그래서 관계의 변화는 한 사람만이 아닌 가족 전체 또는 집단 구성원 전체가 변화해야 합니다. 여기서 변화라는 것은 바로 관계와 소통의 변화입니다.

'우리는 이런 모습이 되어야 해, 우리는 이 정도는 되어야 해!'라는 것은 근본적인 변화의 원동력으로 작용하기 어렵습니다. 뒷심이 부족하죠. 관계의 변화는 무언가를 이루겠다는 일방적인 목적이 아닙니다. 어떤 목적을 갖고 하기보다는 서로에 대한 깊이 있는 이해와 소통이 변화의 원동력입니다.

지금까지 강의를 통해 우리는 이해와 공감이라는 단어를 여러 번 들었습니다. 이해와 공감이라는 단어를 다른 말로 하면 사랑 또는 우정이죠. 관계 안에서 우리는 많은 아픔과 상처, 그리고 갈등을 경험합니다. 이런 관계를 변화시키고 회복시키는 것은 사랑과 우정일 것입니다.

가족들 또는 친구들에 대한 깊이 있는 이해와 그들에게 공감하려는 노력은 바로 그들과의 사랑, 그리고 우정을 지키기 위한 부단한 노력의 일환이라는 것을 기억하시기 바랍니다. 이 책을 통해 여러분 자신을 곱씹어볼 수 있는 시간을 가져보시면 좋겠습니다.

참고문헌

김유숙 (2000). 가족상담. 서울: 학지사.

데이빗 E. 샤르프·질 새비지 샤르프 (2006). 대상관계 가족테라피 1. 이재훈 옮김. 서울: 한국심리테라피연구소.

로빈 로버트슨 (2012). 융의 원형. 이광자 옮김. 서울: 집문당.

루이 쉬첸회퍼 (2005). 당신은 어떤 어머니입니까. 이수영 옮김. 서울: 한스미디어.

르네 지라르 (2007). 희생양. 김진식 옮김. 서울: 민음사.

릭 브라운 (2009). 이마고 부부관계 치료. 오제은 옮김. 서울: 학지사.

마거릿 폴 (2013). 내면아이의 상처 치유하기. 정은아 옮김. 서울: 소울메이트.

마리 루이제 폰 프란츠 (2013). 시간이란. 윤원철 옮김. 경기: 평단.

마리 루이제 폰 프란츠 (2017). 영원한 소년과 창조성. 홍숙기 옮김. 서울: 한국융연구원.

마리 루이제 폰 프란츠 (2020). 황금 당나귀. 이도희 옮김. 서울: 한국융연구원.

마크 월린 (2016). 트라우마는 어떻게 유전되는가. 정지인 옮김. 경기: 심심.

밀턴 H. 에릭슨 (2015). 밀턴 에릭슨의 심리치유 수업. 문희경 옮김. 시드니 로젠 해설/엮음. 서울: 어크로스.

박찬일 (2014). 백년식당. 서울: 중앙M&B.

배르벨 바르데츠키 (2013). 너는 나에게 상처를 줄 수 없다. 두행숙 옮김. 경기: 걷는나무.

세르주 티스롱 (2005). 가족의 비밀. 정재곤 옮김. 경기: 궁리.

알랭 드 보통 (2009). 공항에서 일주일을(히드로 다이어리). 정영목 옮김. 서울: 청미래.

알랭 드 보통 (2011). 우리는 사랑일까. 공경희 옮김. 서울: 은행나무.

알랭 드 보통 (2012). 불안. 정영목 옮김. 서울: 은행나무.

알랭 드 보통·존 암스트롱 (2019). 알랭 드 보통의 영혼의 미술관. 김한영 옮김. 경기: 문학동네.

에드워드 F. 에딘저 (2018). 융 심리학과 영혼의 과학. 심상영 옮김. 서울: 한국심층심리연구소.

에리히 프롬 (2019). 사랑의 기술. 황문수 옮김. 서울: 문예출판사.

요아힘 바우어 (2007). 인간을 인간이게 하는 원칙. 이미옥 옮김. 서울: 에코리브르.

우르술라 누버 (2010). 심리학이 어린 시절을 말하다. 김하락 옮김. 서울: 랜덤하우스코리아

울리케 담 (2009). 나하고 얘기 좀 할래?. 문은숙 옮김. 서울: 펄침.

율리아 파이라노·산드라 콘라트 (2012). 사랑 그 설명할 수 없는. 박규호 옮김. 서울: 쌤앤파커스.

이부영 (2015). 분석심리학 이야기. 서울: 집문당.

장 다비드 나지오 (2020). 무의식은 반복이다!. 김주열 옮김. 서울: 눈.

제임스 홀리스 (2018). 내가 누군지도 모른 채 마흔이 되었다. 김현철 옮김. 서울: 더 퀘스트.

조용헌 (2018). 조용헌의 인생독법. 서울: 불광출판사.

존 그레이 (2010). 화성에서 온 남자 금성에서 온 여자. 김경숙 옮김. 경기: 동녘라이프.

존 브래드쇼 (2008). 수치심의 치유. 김홍찬·고영주 옮김. 서울: 한국기독교상담연구원.

존 찰스 윈 (2002). 가족테라피와 목회상담. 문희경 옮김. 서울: 한국장로교출판사.

최광현 (2008). 가족세우기 치료. 서울: 학지사.

최광현 (2012). 가족의 두 얼굴. 서울: 부키.

최광현 (2013). 가정 내 성폭력(근친상간) 피해 청소년 내담자에 대한 인형치료 사례 연구. 한국청소년시설환경학회지. 11(4). pp.29-39.

최광현 (2014). 가족의 발견. 서울: 부키.

최광현 (2014). 청소년 내담자를 위한 인형치료에 내면아이의 중요성과 치료적 활용에 관한 사례 연구. 한국청소년시설환경학회지. 12(4). pp.211-233.

최광현·선우현 (2016). 인형치료. 서울: 학지사.

최광현 (2019). 나는 내 편이라 생각했는데. 서울: 부키.

카를 G. 융 (2009). 인간과 상징. 이윤기 옮김. 경기: 열린책들.

칼 구스타프 융 (2016). Aion(아이온). 김세영·정면진 옮김. 서울: 부글북스.

토니 험프리스 (2016). 가족의 심리학. 윤영삼 옮김. 경기: 다산초당.

프란시스 위스타슈 (2009). 우리의 기억은 왜 그토록 불안정할까. 이효숙 옮김. 서울: 알마.

프리드리히 니체 (2004). 차라투스트라는 이렇게 말했다. 장희창 옮김. 서울: 민음사.

피터 왓슨 (2016). 거대한 단절. 조재희 옮김. 경기: 글항아리.

한나 아렌트 (2006). 예루살렘의 아이히만. 김선욱 옮김. 경기: 한길사.

한병철 (2012). 피로사회. 서울: 문학과지성사.

한스 요아힘 마츠 (2013). 나는 아직도 사랑이 필요하다. 류동수 옮김. 서울: 애플북스.

헤르만 헤세 (2020). 황야의 늑대. 원당희 옮김. 서울: 교학도서.

C. G. 융 (2004). 인격과 전이. 한국융연구원 C. G. 융 저작 번역위원회 옮김. 서울: 솔.

Boszormenyi-Nagy. I & Spark. G. (1999). *Unsichtbare Bindung. 5. Aufl.* Stuttgart: Klett-Cotta.

Bowen. M (1976). Theory in the Practice of psychotherapy.: *Family Therapy (P. J. Guerin, Ed.).* NY: Gardner Press.

Bowen. M. (1978). On the differentiation of self. *Family therapy in clinical practice.* NY: Jason Aronson.

Bowen. M. (1990). *Family therapy in clinical practice.* London: Jason Aronson Inc.

Dodson. L. S. (1988). 가족상담의 이론과 실제. 이근후·박영숙 옮김. 서울: 하나의
학사.

Franz. M. L. von (1994). *Archetypische Dimensionen der Seele.* Einsiedeln:
Daimon Verlag.

Franz. R. (2007). *Trauma, Bindung und Familienstellen.* Stuttgart: Klett-
Cotta.

Freud. S. (1942). *Zur Psychopathologie des Alltagslebens (GW Bd. 5).* London:
Imago.

Gil. E. (2016). 가족놀이치료. 진혜련·허미정·최연실 옮김. 서울: 학지사.

Haley. J. (1992). 증상해결 중심치료. 이근후 옮김. 서울: 하나의학사.

Hellinger. B. (1994). *Ordnungen der Liebe.* Heidelberg: Carl-Auer-Systeme
Verlag.

Hellinger. B. & ten Hövel. G. (1997). *Anerkennen, was ist.* Munnchen:
Koesel-Verlag.

Hellinger. B. (1999). *Wie Liebe gelingt.* Heidelberg: Carl-Auer-Systeme
Verlag.

Hellinger. B. (2001). *Der Austausch.* Heidelberg: Carl-Auer-Systeme
Verlag.

Jellouscheck. H. (2006). *Wie Partnerschaft gelingt-Spielregeln der Liebe.* Breisgau:
Herder Feiburg.

Jung. C. G. (1966). *The Practice of Psychotherapy (CW 16' pars).* NJ: Princeton

University Press. pp.378~379.

Kast. V. (1994). *Vater-Toeechter Mutter-Soehne.* Stuttgart: Kreuz Verlag.

Kaufman. G. (1992). *Shame (3rd rev. ed.).* Vt: Schenkman Books Inc.

Kohut. H. (2013). *How Does Analysis Cure?* Il: University of Chicago Press.

Konrad. S. (2013). *Das Bleibt in der Familie.* Muenchen: Piper Verlag.

Luquet. W. (2004). 이마고 부부치료. 송정아 옮김. 서울: 학지사.

Maaz. J. (2008). Die Liebesfalle. Muenchen: Verlag C. H. Beck oHG.

Markowitsch. H. J. (2009). *Dem Gedächtnis auf der Spur.* Darmstadt: Wissenschaftliche Buchgesell.

McIntyre. V. (1999). *Sheep in wolves' clothing.* Michigan: Grand Rapids.

Minuchin. S. (1974). *Family & Family Therapy.* Massachusetts: Harvard University Press.

P. 바츨라빅크·J. H. 뷔크란드·R. 피쉬 (1995). 변화. 박인철 옮김. 서울: 동문당.

Perls. F. S. (1988). *Gestalt Therapy Verbatim.* Kiesel: Klett Cotta.

Piaget. J. (1954). *The Construction of reality in the Child.* NY: Basic Books.

Pieper. G. (2014). *Ueberleben oder Scheitern.* Muenchen: Wilhelm Goldmann Verlag.

Pillari. V. (1986). *Pathways to family myths.* NY: Brunner/Mazel.

Rogers. C. R. (1961). *On becoming a person.* Boston: Houghton Mifflin

Company.

Sachsse. U & Oezkan. I. & Streech-Fischer. A. (2004). *Traumatherapie.* Goettingen: Vandenhoeck & Ruprecht.

Satir. V. (1979). *Familienbehandlung.* Stuttgart: Krett-Cotta.

Schlippe. A. V. (1995). *Familientherapie im Ueberblick.* Paderborn: Junfermann.

Vimala Pillari (2008). 가족희생양이 된 자녀의 심리와 상담. 임춘희·김향은 옮김. 서울: 학지사.

KI신서 9427

사람이 힘겨운 당신을 위한 관계의 심리학

1판 1쇄 발행 2020년 12월 24일
1판 5쇄 발행 2023년 7월 5일

지은이 최광현
펴낸이 김영곤
펴낸곳 ㈜북이십일 21세기북스

콘텐츠개발본부 이사 정지은
인문기획팀 양으녕 이지연 정민기 서진교
교정교열 이민애 **디자인** this-cover.com
출판마케팅영업본부장 민안기
마케팅2팀 나은경 정유진 박보미 백다희
영업팀 최명열 김다운 김도연
e-커머스팀 장철용 권채영
제작팀 이영민 권경민

출판등록 2000년 5월 6일 제406-2003-061호
주소 (10881) 경기도 파주시 회동길 201 (문발동)
대표전화 031-955-2100 **팩스** 031-955-2151 **이메일** book21@book21.co.kr

(주)북이십일 경계를 허무는 콘텐츠 리더

21세기북스 채널에서 도서 정보와 다양한 영상자료, 이벤트를 만나세요!
페이스북 facebook.com/jiinpill21   **포스트** post.naver.com/21c_editors
인스타그램 instagram.com/jiinpill21   **홈페이지** www.book21.com
유튜브 youtube.com/book21pub

서울대 가지 않아도 들을 수 있는 명강의! <서가명강>
네이버, 유튜브, 팟캐스트에서 '서가명강'을 검색해보세요!

ISBN 978-89-509-9269-9 03180